覺察叛逆，看懂孩子的內在需求

澤爸（魏瑋志）——著

作者序

從觀察、理解到陪伴，青春期不卡關

撰寫這本書的時候，兒子是高中生，而女兒剛升上國中。當出版社與我討論新書的方向時，也思索了一段時間，才確定以「青春期」為主軸。

自從兒子、女兒都陸續邁入青春期之後，我深刻的體認到了青春期與孩童時期的不同，無論是相處、應對與溝通方面，尤其是情緒上的深度處理，很多地方是爸媽自身都必須要做出不同程度的調整與改變。

同時，擔任親職講師的工作，演講了超過千場，接觸到許多家有青少年的家長，聆聽了各種親子之間的衝突與相互的不理解，更能體會到家長們的難處。

這幾年，對於與青少年的議題，著實有著相當多的領悟與心得。

青少年家長的難處

我曾聽過家長抱怨已經不知道該如何跟青少年相處了，說他們情緒很多、手機不離身，提醒個幾句，就會被嫌囉唆，甚至有時還會對媽媽說「滾啦！閉嘴，吵死了」，弄到只要孩子一有情緒，立刻感到緊張，害怕孩子不高興。

看到家長滿是苦惱的神情，透露很愛孩子卻又不曉得該如何靠近、想要管教孩子卻又擔心他們有情緒，對於「與孩子的親密關係」和「身爲爸媽的教養責任」兩者的失衡，感到十分無奈與沮喪，不知問題出在哪裡，更不知道該如何著手來改變現況。

我覺得現代家長大多呈現兩個極端，一個是承襲傳統的思維，認爲孩子即使是青少年了，但還是要聽父母的，於是不時會展現權威的教養方式，只要兇了、眼睛瞪大了、罵人了，孩子還是要乖乖聽話、需要被壓制，卻發現這明明是爲了孩子好，親子之間的距離卻越來越疏遠。

另一個是爸媽希望成爲孩子的朋友，想要與他無話不談，卻漸漸發現孩子似乎爬到自己的頭上了，很敢跟爸媽要求東西、談條件，也很容易有情緒，只要爸媽不答應、不同意，就立刻生氣「好啊，算啦，隨便啦。」然後就不理爸媽了。家長為了維護這層「朋友關係」，總是滿足孩子的需求，心中覺得這樣似乎不太對，但又不知道該怎麼辦，深怕孩子不再把自己當成朋友了。

老實說，我並不認同「把孩子當朋友」的觀點，雖然青春期孩子能與爸媽建立無話不談的互動是相當重要的，然而，我們就眞的不是孩子的朋友，我們是需要教導他、引導他的爸媽。

朋友說的話，只是建議與參考，不用一定要去做，這樣的立場與爸媽是截然不同的。關於某些事情，比方傷害自己、傷害與影響到他人的事，爸媽絕對有責任去制止孩子的行為，不能只當成參考。

孩子在未成年之前，爸媽負有許多連帶的職責，所以我們就是孩子的「爸媽」，這個身分是不能變的。教養，就必須要承擔被討厭的勇氣。

不過，即便我們是爸媽，還是可以成為孩子的支持者、最佳聽衆、最棒的訴苦與討論事情的聊天對象，成為孩子心中願意傾吐心事的前幾順位，這跟管教二字是完全不牴觸的。

等到孩子成年了，我們放下教養的責任時，再成爲他的朋友也不遲啊。

成爲青少年的爸媽

面對青少年，「傳統權威」與「朋友相處」兩種方式都不是很恰當的情況下，該如何達到「管教」與「關係」兩者的平衡呢？

孩子是獨立的個體，親子之間的相處不應該有高低位階的差異。然而，青春期的孩子依然尚未成熟，想法與做事還是很衝動，還是需要爸媽的教導與指引。於是，我們要做的是以「平等」且「尊重」的方式來應對孩子，該管教時，多帶著「好奇」與「關心」來了解他、試著調整自己說出他願意聽進去的教養言語。

基於雙方的理解之下進行溝通，好好達成彼此能接受的共識，也就是在教導之下，青少年依然能感受到我們的愛，這樣一來，即便我們是需要約束他的爸媽，親子之間的關係依然是緊密的。

不過，上述短短幾句話，要辦到卻是很有難度的。所以，這本書想帶給家長的有：

1.理解青少年

無論是身體與心理的變化以及各種行爲背後的原因探索，都是在幫助家長們了解孩子，盡量避免因爲他的舉動就動怒了。只要我們明白，其實孩子也是很不容易、有著許多困難的，或許就能放下焦慮，拿到拉近關係的鑰匙。

2.引導青少年

他已經不是孩童了，是個接近成年人的孩子，要像以往硬拉著他向前走，是有著很高的難度，重點是他的意願，青春期的孩子不願意，眞的很難推得動他。所以，書中提供了在各個情境下的許多方法與建議，打開青少年的心門，與他貼近，點燃動機，願意嘗試跨過心中的困境。

3.享受與青少年的相處

青春期與成年的孩子最大的不同之處，就是青少年對爸媽還是有些依賴的。只要親子的關係夠緊密、連結足夠深厚、衝突減少、互動增加的情況下，就會發現，其實，我們家的青少年還是很可愛的啦，進而看見他的優點。

4. 成全爸媽的旅程

我們對孩子是肯定會有期待的，然而，孩子的未來是他要自己去闖的，有時我們再怎麼愛他，也必須學會放下。當我們能放下心中的糾結時，才能夠好好的陪伴青少年，替自己成爲爸媽的這段旅程，寫下最美好的篇章。

期待家長能藉由這本書，對於家中青少年有更多的了解，明白他們邁入青春期的變化、遇到的困境與心中的卡關。更重要的是，一定要曉得「關係」與「連結」才是溝通的基本盤。

讓我們喜歡與青少年相處、看見他們的亮點，透過良好又緊密的對話，享受著親子互動的每一天。

邁向成年的青少年

這本書在準備出版的時刻，兒子即將要滿17歲了，再一年，他就要邁向成年，進入大學，拓展自己未來璀璨的人生。

替他感到開心的同時，說不感慨是騙人的，回頭望去，驚嘆著：「這17年怎麼過得這麼快啊。」有時，看著社群媒體會跳出過去他年幼的照片，還會對兒子開玩笑地說：「哇～～你那個時候好稚氣喔。」不過，內心還是有著一絲絲的不捨。

再怎麼不捨，依然覺得這一切是很值得的，因爲，我自認是個很用心陪伴孩子的爸爸，無論是在兒子和女兒的哪一個階段，我都不曾錯過，一起開心過、大笑過，也相擁而泣過，與他們共度每一刻，我有盡心做好「爸爸」的這個角色，擁有許多甜蜜的共同回憶。

兒子、女兒，謝謝你們讓我成爲爸爸；
你們的到來，對我而言就是一份最棒的禮物；
因爲有你們，讓我體驗了成爲爸爸的所有酸甜苦辣；
因爲有你們，讓我明白原來有了責任，是一件如此美好的事。

對於你們的未來，我是充滿著祝福與喜悅的，因爲你們的內心有著我與媽媽給予滿滿的愛、強大的安全感，相信能對抗外在所有的一切。無論遇到了什麼事，一定要知道，在你們的身後，有兩個無條件愛你們、支持你們與相信你們的人。

好好的去闖蕩吧，累了，就到我們的身旁充電，家，永遠是你們能夠依靠的港灣。

永遠愛你們的爸爸、媽媽

目次

Part 2 看懂

Part 1

觀察

我們的孩子怎麼了？

在皮克斯所製作的電影《腦筋急轉彎2（Inside Out 2）》裡，用了一個很巧妙的方式，來呈現孩子在青春期的變化。

大腦裡，情緒元素們正在休息，半夜突然警報器大響，來了許多施工人員，把總部來個升級大翻新，連操控的司令台都換了，此時，出現了許多新的情緒元素，有：阿焦（焦慮）、阿慕（羨慕）、阿廢（消極）、阿羞（尷尬害羞），擾亂了原本的生活。接著，由於對於青春期全新且未知的未來感到相當的不安，於是阿焦立刻掌控了一切。

電影相當精采，我就不多加贅述，歡迎自行觀賞。我想說的是，原本我們以為孩子的成長是線性的，從出生至成年、從依賴到獨立的過程，如同一條線性往上的逐步變化，一點一點的慢慢蛻變。可是，青春期的來臨，可謂超級大震盪，有時還沒有預期，變化之大、翻天覆地，常常讓爸媽措手不及。也難怪，有不少爸媽跟我說過這句話：「澤爸，我的孩子以前都很乖啊，怎麼突然變得這麼叛逆？」

青春期前期

先前有個機緣，在我與《親子天下》合作主持的Podcast節目「爸媽煩什麼」，採訪到兒童內分泌科的黃世綱醫師①，黃世綱醫師表示，男生大概在9到14歲，而女生大概是在8到13歲開始發育，這些皆屬於正常的曲線範圍。

之前，女兒在不到8歲時，有貌似第二性徵的出現，令我與老婆緊張不已，立刻帶女兒去驗骨齡，兒子也順道一起。檢測出來後，女兒的是假性的，兒子卻被告知他的骨齡已超前1歲半，當時兒子11歲。

醫師在看診時說，現在由於許多因素，導致孩子的發展都往前提了，現在針對「兒童期」邁向「青春期」的中間段，叫做「青春期前期」或「前青春期」，大概是

9到12歲左右。

青春期前期的孩子，雖然尙未正式進入青春期，行爲上卻已經冒出一些症狀了，比方對爸媽的管教很有意見、情緒變化大、回話方式有些嗆、更加在意同儕等。

兒子曾在小學五年級時向我與老婆抗議，爲什麼同學說要出門就可以出門，爸媽都不太管，我們卻要問他「與哪些同學出去？」「去哪裡？」「幾點回來？」，爲什麼不可以跟其他同學的爸媽一樣？

這些反彈，是兒子在之前未曾發生過的。看到他不滿的情緒，我們也覺得很納悶，爸媽關心孩子外出的種種，怎麼好像是做錯事，彷彿這麼做是異類。

當時，突然有他想要從爸媽的圈圈抽離，往同儕的圈圈靠近的感覺，對於同儕的重視度有逐漸攀升的趨勢，有內心從「爸媽說的都是對的」轉變成「爸媽說的是對的嗎？」的成長思維轉變。

我原本疑惑著，「兒子不是才10歲嗎？怎麼就已經有青春期的樣子啦？」後來明白「青春期前期」的概念後，才豁然開朗。

所以，從開始有些具備同理心、能站在他人角度來思考的6歲上下，距離「青春期前期」大概只有3到4年的時間，請各位爸爸媽媽要好好珍惜啊！

這當然是玩笑話，主要是希望能讓你們知道，孩子在每個階段皆有不同的成長樣貌，也有他的成長目標。

青春期前期的目標

「青春期前期」的目標，當然是爲了進入青春期在做準備，也是在提醒著我們：「爸媽，我要長大囉，我快要青春期囉。」

「青春期前期」的孩子是以長大爲前提在做預告，所以，我們也要有這個認知，在遇到孩子有任何情緒行爲時，避免總是用過往的方式來對待、減少用權威方式來管教，多想想，是否有不同的溝通與教養方法呢？來應對即將正式邁入青春期的他。

有了這樣的覺察、有了心理準備與新的溝通方式，相信發生衝突的程度與震撼感也會比較低一些。倘若我們又能從中學習到新的技能，相信要面對即將到來的青春期，一定會更有把握。

讓孩子了解爸媽的用意

前面提到兒子在小學五年級時，對於我們詢問他與同學出門的細節有些不高興。我有好好的向他解釋：「我和媽媽沒有不讓你出去，不過你只有11歲，當然是長大了，可是還沒有那麼的成熟，假使遇到突發狀況，可能在應變上還沒有那麼好。」

我接著說：「我們並不是不相信你，而是事先了解你是跟誰出去、去哪裡、最晚要在幾點回家這些細節，我們才能夠安心，假使發生任何事情時，也才能夠有線索的去找你。」

他有些不情願的向我們交代了外出的事項。結果當天回家後，心情很好，表示與同學玩得很開心。

「兒子，怎麼樣？今天開心嗎？」我在睡前關心他。

「開心啊！」兒子說，接著與我分享外出的一切。

「爸爸在你出門前所問的問題，有影響到你與同學的玩樂嗎？」他說完後，我問。

「沒有啊。」

「那麼，你現在能明白爸爸媽媽的用意嗎？」

「雖然還是沒有很認同，但是尚可接受。」

「什麼意思？什麼叫做『沒有很認同，但尚可接受』？」

「我還是覺得你們問太多了，不過既然沒有影響，可以接受你們來問。」

「哎呀～怎麼啦？有種不想被我們管的感覺喔。」我帶著玩笑的語氣。

「嘿～～～你就當我快要青春期好啦。」兒子的回答，讓我大笑了起來，青春期前期的孩子，也是有他的可愛之處啊。

♥澤爸的貼心小叮嚀

1. 現在孩子發展得早，小學階段就出現青春期的氣息，也不要太意外喔。
2. 爸媽的心態及早做出調整，對於親子間的互動是有幫助的。

我們如何看待叛逆呢？

我的叛逆期很晚，大概是在大學的時候，而且我是那種從小到大都不太會鬧事的小孩，即便在大學時想叛逆，也頂多是留了及腰的長髮與染了整頭的金髮。最應該要叛逆的高中時期，我身旁的同學早已經有翹課、抹髮膠、穿外校服、戴耳環等行徑，我卻認爲這些不符合常規的人都是壞學生。你看，我當時的想法有多根深柢固。

叛逆的眞正意義

我常在青少年家長講座中問：「請問你們是如何看待青春期孩子的叛逆呢？」

青春期的下一個階段，就是成人了。而成人的特點，就是面對事情，能顧慮他人感受、想到後果，具備能力爲所有選擇做出決定，並且能爲自己的決定負責。

試問，一個從小都聽爸媽話的孩子，到了成年的年紀時，有可能會突然變得獨立嗎？突然能爲自己負責了？這是不太可能的。這也是爲什麼一個孩子的發展歷程中，在孩童與成人階段的中間，要有「青春期」的原因。因爲，**「青春期」的意義，就是為了要成為成年人而做的準備與練習**，孩子唯有經歷過無數次的磨合與碰撞，才能成爲實質上的獨立個體。

也因爲如此，他會想要伸張自主想法、捍衛個人權益、挑戰爸媽底線、嘗試跨越權威的高牆，所以，**一個勇於挑戰家長的孩子，他在未來才會勇於挑戰全世界呢！**

然而，青春期的孩子尚未成熟，也很容易衝動，即便反抗意識是有其意義的，他的表達方式卻是帶刺的、很衝的、講話不禮貌的，行爲也很容易不加思索。

面對青春期的叛逆，請讓我們先用正向的思維來看待。這邊指的叛逆，不是違法或傷害他人的行爲，而是有了不想聽爸媽話的念頭。此時，請允許他擁有想要衝撞的心、接受他不願意聽進爸媽的好意，我們要教導他的，是關於行爲所衍生的後果與影響，以及如何用不傷害他人的方式來表達自己的想法，而不是要求他不准叛逆。

換另一個想法，假使孩子在成年後，依然只聽爸媽的話，沒有自己的主見，凡事依賴著爸媽，這還挺令人擔憂的，是吧！

而且，從小凡事聽話的孩子，在他的心裡等於是把責任給轉嫁了，也就是「好啊，就聽你的啊，是你要我這麼做的，後果你負責」。這個「你」，年幼時是爸媽，成年後可能是主管或伴侶。這種無聲的抵抗，也很容易養出一個無法扛起責任，或是總在怨懟他人的人。畢竟，反正只要聽別人的，我就不需負責了。

所以，當孩子有叛逆行爲、不想聽爸媽話、不願意符合爸媽期待，只要我們能好好應對，都能在未來帶給他許多正向的影響，因爲這是一個走向個體化的正確歷程。

正向教養就能避免青春期風暴？

這幾年我由於擔任親職講師，深入許多青少年的家庭。在演講初期，我的孩子還是幼稚園與小學的年紀，很慶幸提早看見因爲青春期來臨的各種親子衝撞，每每令我反思，該怎麼做才能讓自己在遇到孩子的青春期叛逆時，降低親子間的衝突呢?!

我明白，青春期孩子的叛逆，有很大的原因是想要奪回自己的自主權，也就是能爲自己做決定的選擇權，如果孩子想要捍衛自主，爸媽的權威不變或施壓更大的話，只會導致青少年的「爲反而反」，意思是，「他明白爸媽講的是正確的，可是，爸媽命令的方式、威脅的口吻，讓我明知道你是對的，但就是要反你。」

所以，我很認眞的當個不打不罵的父母，提供給他們無條件的愛與安全感。遇到狀況時，穩住自己的情緒，好好採取平等與尊重的溝通。

原本以爲，被如此對待而長大的孩子，可以與我們安然度過青春期的風暴。可是，兒子在國中時，依然對我有過幾次帶刺的說話與反應，讓我感到十分錯愕與難過。他曾對我翻過白眼，說出「你好煩喔」這句話，也對我吼過：「到底關你什麼事啊！」當然，更有好幾次不想跟我講話，說「好了，爸，你不要再講了」。

我內心有著很深的沮喪，困惑他爲何要對我有這些帶刺的反應。甚至曾對兒子脫口而出：「爸爸沒有罵過你或指責你耶，你爲什麼要這樣對我?!」

不禁讓我產生了懷疑，既然孩子都會叛逆，那些教養專家所提倡的「正向教養」，與「傳統的權威教養」到底有何不同？

毛毛蟲變成蝴蝶的結蛹階段

同樣，在我與《親子天下》合作的節目「爸媽煩什麼」中，與腦科學教養專家周育如老師有場訪談②。

我就好奇地向育如老師提出疑問：「孩子的青春期是必然發生的嗎？從小採用『打罵教育』或『正向愛的教育』對於孩子在青春期時的行爲，會有差別嗎？」也把我對兒子的疑惑提出。

育如老師形容，青春期的孩子就像是一棟在重新裝潢的房子，先前爸媽替他布置的一切，會整個大翻修，換成自己想要的模樣，這個轉變如同毛毛蟲準備變成蝴蝶的結蛹階段。也因爲有這樣的大變動，再加上學業與同儕的壓力，他的身體與心理時常處於一個高度混亂與重整的狀態，而且，這個混亂可能會長達5到6年。

於是，在高壓緊繃之下，容易選擇能讓自己感到安心的對象與場所，來釋放情緒。而這個場所是「家」，這個對象就是「爸媽」，甚至會把一切問題都丟出來責怪爸媽，所以，育如老師說，我兒子的反應是再正常不過的了。

接著，育如老師再問了我一句：「雖然你的兒子有著青春期的叛逆，可是，你觀察一下，他叛逆的程度是不是還好？」

回想了一下，的確是如此，通常我們很快就和好，兒子只要情緒緩和了，還是願意與我們好好聊的。育如老師說，這是因爲我們先前對他所存下的愛的儲蓄，有把他的反抗程度降到最低。也就是說，**「我們在先前給了孩子許多的愛，將會大幅降低他在青春期的叛逆程度」**。

該次訪談的當下，我兒子是16歲，算是過了青春期的高峰期，我有感覺到他的結蛹階段已經快要羽化了。他的情緒大致是很穩定的，有感覺到成熟度的提升，叛逆的刺幾乎沒有了，與我們的關係還是很好，聊起天來是無話不談。

我喜歡育如老師對於青春期的形容：毛毛蟲準備變成蝴蝶的結蛹階段。

毛毛蟲是一定會經歷結蛹的階段，也會發生種種不適應的變化。我們的孩子也是，他一定會經歷青春期，身心狀態也會呈現大翻新與混亂。他或許也不清楚自己怎麼了，只覺得內在一團亂、內心一把火，所以情緒很多、口氣不好、高度想爭取自己的權力。

所以，各位爸爸媽媽，這個帶刺的過程是一定會遇到的，可是，只要在之前，我們有用愛來替他打好基礎，能軟化孩子叛逆的刺，這根刺，也頂多是小刺，所造成的衝突程度是降低很多的。

後來想到，我到大學才用留長髮與染髮來呈現叛逆，原來是因爲我的爸媽與奶奶給了我十足的愛啊，因爲愛很充足，所以叛逆起來才會這麼的弱。

如果你的孩子還沒進入青春期或青春期前期，對於正向教養有所懷疑的話，請堅持下去，將會看到效果的。

如果你的孩子已經進入青春期了，我們面對孩子的叛逆舉動，可能會感到沮喪，可是，更要相信自己，「正向教養」「愛的教育」絕對是一條正確的道路。

青少年捍衛自主權，言語卻很傷人

兒子上高中後，喜歡處理自己的午餐，不過，烹飪技術還需再學習的情況下，最喜歡弄的就是泡麵了。他愛上韓式泡麵，加上起司、韓式年糕、肉片與蛋，再來點牛奶點綴，幾乎可以餐餐吃這個。

可是泡麵始終沒那麼營養，所以我要求他幾天才能吃一次。當兒子吃過了，還想再吃時，我都會制止：「沒有，你昨天吃過了，下星期再吃。」

「爲什麼？」兒子面露不悅。

「因爲泡麵沒有那麼營養。」我說。

「可是，我想吃啊。」

「可以啊，過幾天再吃吧。」

「爲什麼要等這麼久？」

「我們可以吃點其他的。」

「其他都沒有泡麵好吃。」

「泡麵當然好吃，這個我知道。」

「既然你知道，爲什麼不讓我現在吃。」

「……」我嘆了口氣，一臉無奈。

雖然知道青春期的孩子總是要捍衛自己的自主與權利，表達能力又尚在練習的同時，往往脫口而出的言語，都是尚未經過思考的，直接提劍刺來，想要在自己的權益上爭輸贏。

這些我都明白，只是，我快要發火的情緒也是忍耐得很辛苦啊！！

吸～～～吐～～～～～（深呼吸），我生的、我生的，他在結蛹、他在結蛹，成爲蝴蝶就好了。

爸媽眞是難爲啊！

澤爸的貼心小叮嚀

1. 讓我們正向看待「叛逆」這樣的行為，不用貼上負面標籤。
2. 叛逆的行為是一定會發生的，可是，我們的愛能降低他叛逆的程度。
3. 正在實施正向教養、愛的言語的爸媽，我們要相信這是正確的方向。

孩子變得很愛嗆爸媽？

「你們大人都好假喔。」「你自己都做不到，還說我?!」「為什麼你可以？我就不行？」孩子青春期時，我們聽過這些話嗎？

渴望被同儕喜歡

邁入青春期的孩子，正處於準備要成為成人的一段練習期，所以在認知上，會覺得自己跟大人靠近了，也會希望其他人不要再把他當成小孩子。於是，這個時期的孩子，大腦也正長出新的思維脈絡，特別是社會化的認知。

孩子會陷入「我是誰？」「我要成為怎樣的人？」以及「大家是怎麼看我的？」這類的自我認同混亂的大哉問。

再加上強烈的追求同儕的歸屬感，導致孩子非常在意他人的看法，擔心會被孤立、沒有朋友、被排擠，於是焦慮感越重，「我到底要怎麼做，才能讓大家喜歡我？」的念頭也越容易驅使孩子去做一些不像自己的行為，即便再怎麼勉強、再怎麼委屈，還是強迫自己去做。

兒子在小學五年級時，同學們常在Line群組上聊天，他也想要有一個自己的Line（初期是用媽媽的Line帳號來與同學聯繫）。還有，同學們都在相約線上遊戲，他即使沒那麼想玩，但也想要參與。

兒子在國中時，渴望獲得同學們的關注，在跟朋友一起玩樂時，總是很活潑、很嗨、常帶頭開玩笑，把自己弄得很累，回到家後精疲力竭。問兒子為何總要把全部電力在學校消耗光，他說很喜歡這樣與朋友互動的感覺，被關注、被喜歡、被認可，這正是他想要的。我也只能拍拍他，說聲：「辛苦啦，回到家就好好地做自己，在爸媽面前不用這麼嗨，休息一下，充個電吧。」

以平視的角度審視父母

隨著在青春期時，認知意識上的改變，身材也正在成長，有些孩子的身高甚至會高於爸媽，於是，從年幼時對爸媽的憧憬，爸媽說什麼我都聽的階段，轉變爲會開始以平視的角度來審視爸媽、用道德的制高點來評價爸媽。

兒子就曾在高中時跟我說過，「爸，以前呢，我總認爲你講的肯定是有道理的，可是，這幾年來，我漸漸發覺到，你講的不一定是我認同的。」

周育如教授在《親子天下》的線上學校課程「青春期來了：認識大腦與身心發展，陪伴孩子走過青春期風暴」裡提到：「（青春期）孩子會去觀察他生活周遭的人（爸媽、老師、親戚等），從生活周遭的人的行爲，跟這個人展現出來的言語態度去重新評價一個人。此時，首當其衝的往往就是父母了。」

於是，當觀察到爸媽說的跟做的不一樣，比方要求孩子不能亂買東西、自己卻買了一堆。當孩子有了質疑，爸媽說不過孩子，只回：「錢是我賺的，我要買什麼就買什麼，你以後自己賺錢了，我也不會管你。」此時的孩子，只會認爲大人在狡辯。

再比方，媽媽在家裡批評自己的好友，大講八卦、數落一堆。可是，之後孩子看到媽媽參加朋友聚會時，與那位好友手勾著手、一同大笑，此時的孩子，只會認爲大人很假、很會裝。

孩子在尚未完全理解社會化的認知之下，又觀察到這些行徑，便會覺得大人是表裡不一、說一套做一套的。

只要孩子一認定爸媽是虛僞的、是不可信的，便很愛嗆爸媽：「你來做啊，我就不信你會。」「怎樣啦！你自己來考考看啊，這題數學你都不會，還說我咧。」「你也是一直在滑手機啊，爲什麼我要聽你的？」「是你自己講的，做不到還來怪我。」

當我們感覺到孩子的言語有些嗆時，就不要再繼續回他了，而要放下爸媽的身段，想一想他講的是否有其道理或原因，然後，找個機會與孩子聊聊，他是如何看待我們做爸媽的呢？

孩子瞧不起爸媽

青春期的孩子會嗆爸媽，原因除了覺得大人表裡不一之外，還有一種是「瞧不起」。

「瞧不起」的心態來自於他眼睛所見的爸媽生活一團糟，比方：欠賭債、家暴、酗酒等行徑。以及，爸媽中的一方時常貶低另一方。

假使夫妻某一方，常當著孩子的面抱怨另一半：「你媽沒念什麼書，不懂啦，不用聽你媽講的。」「你爸喔，每個月只賺那麼一點，都這個歲數了還這麼遜，你以後不要像你爸一樣啦。」

連伴侶都不懂得相互尊重了，孩子又如何學會尊重大人呢？

總認爲自己講的是對的

青春期的孩子總會站在道德制高點來做出評斷，可能有些事情連自己都做不到，卻依然會把想法都直接講出來，只是，這些話卻沒有經過圓融的包裝，是帶著刺的、會傷人的，我們提醒了，他還會覺得自己這樣講話才叫做眞實，不像大人這般虛僞。

比方，媽媽辛苦煮好飯，孩子看了一眼卻說：「啊～就這樣喔？看起來很不好吃耶。」親戚一同出遊，孩子直接說：「叔叔開的車是最舊、最普通的款式耶。」老師在台上講課，請一位在睡覺的孩子起立，問他什麼原因要趴著，孩子說：「因爲你上課很無聊。」

孩子會這般想到什麼就說什麼，絲毫沒有修飾，傷到人而不自知，多少與同理心尚未建構完全有關。我們可以先理解孩子爲何有如此的想法，再好好的解釋，這樣講話會讓人感到不舒服的原因。接著，討論出還能如何表達會更好。

讓孩子知道，眞實不是一定要傷人，照顧他人的感受也是可以講出眞話的。

孩子會學大人，當個真實又友善的人

兒子有次脫口而出說了髒話，我聽到了，提醒他要注意，「兒子，請不用說髒話喔。」

「還好吧。」兒子覺得同學都是如此，講髒話沒什麼。

「是啊，可能你周邊有很多人都有在講，但不是大家做什麼，我們就要做什麼，這個叫盲從。我們說了什麼話，傳遞出我是一個怎麼樣的人，所以我們要有判斷能力。」

「嗯～～～」他停頓了許久，才接著說「好，我知道了。」

「怎麼？感覺你剛剛有想要說什麼的樣子？」我看他的表情。

「對啊，原本是有話想要反駁你的。」

「那怎麼沒有說呢？」我好奇。

「我本來想回『你應該也有講吧』，但是仔細想一想，我還真的沒聽過你講髒話，這句話就說不出口啦。」兒子說。

剛剛所提到青春期孩子會脫口而出嗆爸媽的話，兒子和女兒都不曾向我說過。爲什麼呢？因爲我都有做到以下幾點：

- 約束孩子的規定，皆能以身作則的做到，比如不說髒話、吃飯時不用手機。
- 不用威脅式的條件交換來要求孩子聽話。
- 無論是在家或在外，不會說出對任何人的批評言論，如果有抱怨，也頂多陳述客觀事實與講出內在感受。
- 對待伴侶與孩子皆是尊重與平等的，沒有權威與高高在上的姿態。
- 眞的能做到的才會給出承諾，不隨意答應，即使最終無法實現，也會好好的解釋並且道歉。

當孩子眼前所見的爸媽是個真實又友善的大人，他也會對爸媽展現出真實與友善的一面。

被女兒吐槽的爸爸

有天開車接女兒放學，坐在副駕駛位的她說：「爸，韓國偶像開車的時候都會耍帥耶。」

「是怎麼樣的耍帥啊？」我問。

「單手開車，然後另一隻手靠在窗門邊，好像很悠閒的樣子。」女兒接著說：「還有，倒退的時候，右手搭在旁邊的座椅，整個身軀往後轉看向後方，刻意離旁邊的人很近。」

此時，我們剛到家，正好要倒退停車，我就往後轉看著後方，還裝出深情的模樣，靠女兒很近，說：「女兒，是不是像這樣子啊？」

女兒看了我3秒，冷冷的說：「爸，不知道爲什麼，你做這個動作，就是不會感受到帥。」

嗚嗚嗚嗚～～雖然他們不會嗆我，可是會吐槽我（爸爸淚奔）。

♥澤爸的貼心小叮嚀

1. 青春期的孩子，在想法上會產生混亂，更會有著許多迷惘，所以有許多情緒，這是很正常的喔。
2. 孩子變得會開嗆、糾正爸媽，這是一種把自己視為大人的角度，我們只需要提醒他表達的方式就好。
3. 試著讓自己成為真實又友善的大人，尤其是對待伴侶。

孩子怎麼渾身是刺呢？

我們在兒子國八時有一小段時期，對於要去學校接他放學，是有些擔心的，因爲不清楚他當天的心情是好還是糟。

從校門口遠遠的看到他，如果是沒有表情的，我的皮就要繃緊了。爲什麼會這麼說呢？曾經有次我接到兒子後，隨口開個話題：「怎麼樣？今天還好嗎？」兒子冷冷地說：「都一樣啊，幹嘛問。」「剛剛跟你走在一起的同學是誰啊？」兒子：「說了你又不認識。」「等一下回去，你要幹嘛啊？」兒子：「念書、寫功課啊，不然咧？」

每當接收到他這樣的回應，有時眞的會覺得，我是招誰惹誰了啊?!

有次更誇張，我騎著摩托車來接他，提早十分鐘到，由於家長不多，就停在靠近正門口的地方，兒子一出校門就能看見我。後來，兒子走了出來，原本跟同學說笑著，一看見我就立刻變臉。

我當然也有發現他的不對勁，主動關心了一下，沒想到兒子靠近我後，卻說：「爸，你幹嘛停在這邊？」我：「爸爸今天比較早到，正好有空位啊。」兒子卻很不高興的說：「你難道不能停過去一點嗎？這邊太顯眼了。」我滿是疑惑：「顯眼又怎麼了？」兒子只說：「反正我就是你不喜歡你停在這裡。」

還有一次，我們全家去電影院看電影，很巧的遇到兒子的幾位同學。其中一位跟兒子從小學到國中都同班，我們也都認識，老婆很親切的與那位同學打招呼，簡單聊了幾句話，離開後，兒子卻很生氣的對老婆說：「妳幹嘛要這樣啦？爲什麼要跟我的同學裝熟？簡單打招呼就好了，幹嘛還要聊天？」

我們聽了不太舒服，好好的問他爲什麼要這樣，兒子卻只回：「我又沒怎樣，你幹嘛要講我。」當下，我們的內心是受傷的，甚至會覺得，「怎麼？我們是你的爸媽很丟臉嗎？」

爸媽成了孩子的情緒垃圾桶

女兒升上小五，也有過類似難以捉摸的時候。她的情況與哥哥不太一樣，兒子是一臉不高興的樣子，講話直接且帶刺，女兒則是表情很悶、都不說話。我與老婆當然會發現，主動關心的結果，只得到女兒的面無表情、斜眼看人、不回應，我們只好摸摸鼻子。

如果只有這樣，倒也還好，可是只要女兒進入了這個狀態，整個人就彷彿是顆炸彈一樣，超級容易被引爆，簡單的說，任何事情皆能讓她爆炸，而且，生氣的方式是很愛撂狠話。

當我們約束她吃零食，「那我不要吃晚餐了。」；想陪她聊聊天，關心怎麼了，「我才不會跟你說呢！」；控制3C時間，「那我不要寫功課了。」；提醒看書要休息眼睛，「那我不要看了。」還會直接把書闔上，眼睛閉著；告知功課不要寫太晚，「那我不要睡覺了。」講出這些實際上是做不到的話。

我們當然很心疼她，也很擔心她，只是，成爲孩子情緒垃圾桶的宣洩出口，也是挺無奈的，有時還會覺得現在當爸媽的，怎麼這麼憋屈。

孩子也不知道自己怎麼了

如同前面所分享的，渾身帶刺的模樣，的確是青春期孩子會出現的樣貌，原因是他的身體與心理呈現大轉變，再加上學校、同儕與課業的多重壓力之下，處於一個高度混亂與重整的狀態，彷彿是一個不斷充氣且漲大的氣球一般，相當敏感。

憑藉著多年與孩子相處的情感基礎，待他們的情緒稍微平復之後，還是樂意與我聊一聊的。可是，每當我問他們「你怎麼啦？」「怎麼會有這麼多的情緒？」「你在學校有不開心嗎？有的話，願意跟我說嗎？」可是，很多時候得到的回答只有：「我也不知道自己爲什麼會這樣。」

初期，面對孩子的青春期症狀，我是挺不知所措的，幸好後來學習了對話，知道如何用有脈絡、有好奇的提問方式，向孩子進行著心與心的靠近，也得知了他們爲何

會如此的核心原因。（對話的提問技巧，歡迎參考我的書《引導孩子說出內心話》）

談話之後才得知，原來兒子的情緒是來自於在學校所遇到的人際問題；女兒則是學習的壓力變大、交朋友的不容易，以及老師對她的高標準。

兒子的情況是比較單純的，只要今天跟同學們相處得很好，他的心情就會好，可是，只要跟同學有了摩擦，放學就會臭著一張臉。他對於同學的過於重視，也全部明顯表現在情緒上。詳細的過程，後續的篇章再來說明。

女兒的壓力來源比較多。由於她的學業表現一向都很不錯，也想要維持，然而，升上小學五年級之後，學習的內容與深度變難也變廣，維持成績的難度也隨之增加了。另外，高年級會換班級，周遭同學也跟著更新，個性偏內向的她，只有少數是認識的，其他都是陌生的，帶給她一些不安。還有，新老師知道女兒是個辦事能力很強的學生，於是很多事都找她去做，偶爾是沒關係的，只是，當她這堂下課想要去找同學玩，卻依然被老師找去出公差，就會有些不高興，而這些不開心，也只能在學校先壓著。

孩子的刺，可能來自於一天在學校的不順利。

年幼的孩子，也會有壓抑的情緒，只是多半採取外顯的方式來發洩，比方哭、生氣、故意鬧手足來找架吵。至於青春期孩子的情緒，則是大多以壓抑來呈現，他只覺得心情很不好，再加上身心變化所產生的巨大混亂，弄得渾身不對勁，只想找地方宣洩心中的種種不滿。那麼，令他感到最安心、能好好釋放的人與場所，就是爸媽與家了。而且，發洩的方式往往是帶刺的。

大人也會有一天不順利的時候，只是，我們大腦的情緒控管比較成熟，多數的大人也能明白，不能因爲心情不好而去傷害家人。雖然青少年可能懂這層道理，只是情緒控管還尚在發展的情況下（情緒控管的程度，只要有好好地引導與周遭大人的良好示範下，在18到25歲左右能慢慢地趨於成熟與穩定），於是通常處於「知道，可是卻做不到」的狀態。所以，挺多的孩子在嗆完爸媽後，其實是後悔的，可是，替自己脫罪的想法也會跟著來，接著責怪他人，合理化自己的行爲，來讓自己好過。

這麼說，並不是就讓孩子來刺我們吧，而是當我們感到不舒服了，依然要試著表達「你可以生氣，可是，這樣對爸媽說話，我們聽了也是不舒服的」。然後，更進一步的，可以試著去了解青少年孩子的心理層面與背後成因。我們可以明白的是，**刺越多的孩子，表示他越需要被關心**。所以，多試著去理解孩子，相信我們也能湧出「現在青少年其實也很不容易啊」的同理感受。

有這樣的感受時，當孩子在情緒釋放的當下，我們再怎麼無奈與憋屈，也能多一層的包容與理解吧。

畢竟，誰沒年輕過呢，是吧？

有情緒了依然願意好好說話

某天上學前，我弄好了早餐，眼見離出門時間越來越近，對著兒子的房門喊著：「兒子，快遲到囉。」

兒子出了房門，我看到他便熱情的打招呼：「兒子，早。」結果他完全不看我，直直地經過身旁。他吃完早餐後，把碗盤放到洗手台，沒有洗就離開了。我提醒說：

「兒子，記得把碗洗一下。」結果，兒子回說：「快要遲到了，我不要洗。」我接著說：「這是該做的事，如果你不洗，那就應該要早一點出來吃。」

「我又沒有晚起來，是肚子不舒服。」兒子的口氣相當不耐煩。

「是喔，現在還好嗎？」我關心他。

「沒事！」

「有需要吃些讓腸胃舒緩的藥嗎？」

「不用！」

「爸爸不曉得你肚子不舒服。」

「沒差！」

這一來一回，我也是挺不高興的。在前往學校的車上，我和兒子都沒講話。過了一陣子，我直接問：「兒子，你是有在生我的氣呢？還是因爲要上課了而感到煩？」兒子說：「沒有，我只是覺得你很吵。」聽到這一句，我超級火的。不過，我先緩了一下心情，不急著講話，等準備好了再說：「你覺得我吵？我講了什麼？」

「我早上是肚子不舒服在廁所，媽媽已經先提醒過我一次要出門了，你又再講一遍。既然是你們說要趕著出門，你又叫要我洗碗。」兒子說。

「兒子，我不知道媽媽已經提醒過你了，而且，我也不知道你的肚子不舒服。」

「然後咧？」兒子的口氣還是很不耐煩。

「爸爸只是覺得，在我什麼都不知道的情況下，只是做了該講的提醒，你這樣子把所有的不耐煩都丟給我，爸爸覺得很無辜。」再深吸了一口氣，說：「你先去上學吧，回來再說。」

回家後，我把滿腔怒火跟老婆抱怨，也有做其他的事情來讓我的心情舒緩，這樣，我之後才能在心平氣和的狀態下，與兒子講話。

他放學後，我們還是既如以往的煮飯、吃飯、聊天、接送他練球。直到睡前，我開門見山地問：「兒子，你早上會這麼生氣，是因爲我跟媽媽提醒你太多次，讓你覺得煩嗎？」

「對啊，我自己知道很晚了，肚子不舒服又不是我願意的。媽媽講過了一遍，你又再講一遍。」兒子說。

「可是，爸爸是眞的不知道媽媽有跟你講過啊?!」

「反正，聽到你叫我要出門時，我就超生氣的。」

「兒子，早上我只提醒了兩句，沒有凶你、也沒有罵你，可是，卻很明顯的感受到你的不耐煩耶。」我停頓了一下，接著說：「爸爸有種感覺，你原本就已是顆膨脹很大的氣球，只是正好因爲我的話，讓你的氣球爆炸了。」我語氣放緩，拍拍他的肩膀，關心道：「兒子，你最近還好嗎？有壓力嗎？」

兒子搖搖頭說「不好。」然後，向我們述說著期末的考試很煩、練球很累、希望成績可以進步，卻總覺得離別人還有好大的差距等種種累積下來的壓力與煩惱。他在傾吐時，我與老婆只有在一旁聆聽、回應與安慰。

「兒子，你因爲最近壓力大、心情不好，這個我能理解，所以，爸爸在意的不是你對我的不耐煩，而是你說的那一句話『我只是覺得你很吵』，爸爸聽了也很不高興喔。」聽他講完後，我說也向他表達自己的感受。

「可是～～我在當下就眞的這麼覺得啊。」兒子回。

「沒錯，你有壓力，覺得很煩。我們可以有情緒，但是，也要學著好好說話，不應該把情緒倒給我們最愛的家人。」

「那應該要怎麼說？」

「你可以直接告訴我，你有在不耐煩啊。」想了一下，「兒子，你看得出來，爸爸最近的壓力也很大嗎？」我反問。

「沒有～～我只感覺到你最近比較嚴肅。」

「是啊，爸爸最近的心情不好，頂多嚴肅而已。你今天早上講了那句話，我在依然有壓力的情況下生氣了，可是，我有罵你？兇你？或反嗆你嗎？」兒子搖搖頭。

「是囉，因爲爸爸知道，我的情緒要自己處理好，不能夠用言語或行爲來傷害他人。」

「我又沒有學過這些，怎麼會知道。」

「兒子，爸爸講這些，不是要責怪或是比較，而是想讓你明白，我們即使有了情緒，也是可以慢慢練習如何好好說話的。」

「好～～爸，之後如果我再說『你很吵』這類的話，你就嚴厲的糾正我。」

「倒也不用啦，你再慢慢練習就好了。」我緩了緩，再說：「況且，兒子，我今天是不是一如往常的接送你、關心你？因爲我雖然在生你的氣，可是我還是很愛你、很樂意照顧你啊。」說完，我與老婆一起擁抱了兒子，給予他有壓力下的最大安慰。

如同前面所說的，青春期孩子的渾身是刺，可能是來自於長期累積的壓力，然後容易對著最安心的對象，也就是爸媽來釋放。我們很愛他，也需要關心他，可是當孩子的言語或行爲，讓我們感到不舒服了，依然是要教他的。只是那個教，不用急著在當下。

一個有情緒的人，說不出好聽話；一個有情緒的人，聽不進別人說話。我們要做的，只有先穩住自己、照顧好自己吧，等之後再找時機來溝通就好。

大人的穩定情緒，是孩子在情緒學習上的重要示範。一個情緒穩定的大人，才能引領孩子做出情緒上的穩定。讓我們示範給孩子看，如何辦到「有情緒了依然願意好好跟你說話」，這不容易，但很值得。

敍事帶來療癒

當女兒回到家是有些悶、回話有些嗆的時候，我與老婆會有默契地刻意讓女兒獨自做自己的事，因爲我們明白這是她調節情緒的方式。

在睡前，等她心情有好轉了，我們才去跟她聊一下今天所發生的事。

「女兒，妳還好嗎？心情有沒有好一點？感覺妳一回到家超悶的耶。」

「嗯，心情有好一些。」

「怎麼啦？今天在學校有發生不開心的事嗎？」

「某某某……」女兒向我述說著在學校所承受的種種壓力與煩惱。

「是喔，難怪妳會不開心。」「對啊，如果是我，也會很生氣的。」

「沒錯，他怎麼這樣啊。」我只有試著傾聽與同理，沒有說教和分析，表達出「我願意試著理解妳的感受」。

「爸，以後我心情不好的話，就來跟你講話好了。剛剛講一講之後，心情有好一些耶。」女兒在準備睡覺前，跟我說了這句話。

「好喔，只要妳有話想跟我說，爸爸一定會聽喔。」

正所謂「敘事帶來療癒」。如果壓抑在心裡的情緒是一條繩子的結，找一位能令自己安心的人，傾倒內心的種種，雖然不一定能解決問題，卻可以讓這個結，稍微鬆開一點。

刺蝟之所以帶刺，是因爲心中有解不開的結。爸爸很開心，能成爲你們身旁抒發情緒、鬆綁死結的那個人。

不過，女兒講了一個半小時，我內心也很想說的是，很晚了，該去睡覺囉，爸爸想躺著休息、滑滑手機啊。

♥澤爸的貼心小叮嚀

1. 孩子渾身是刺，多半是內心有了壓力與困境，而且，他也不一定知道自己怎麼了。
2. 多多試著包容與理解孩子，刺越多的孩子，表示他越需要被關心。
3. 從小養成與孩子對話與聊天的習慣，鼓勵他多表達，如此，到了青春期時，孩子便能透過向我們傾吐，抒發心中壓抑的情緒。

當孩子對性有了好奇

我們是否觀察到，孩子開始在意自己的外表了呢？

現代的孩子，由於充沛又快速的資訊，對性知識的了解與過去相比可以說是吸收速度提早不少。大概在小學中年級的階段，就可能口耳相傳著與性器官相關的專有名詞，還有在傳誰喜歡誰、誰是誰的男女朋友之類的八卦。到了高年級，也有可能發生名義上的交往，更別提那些相關的詞彙，早就傳遍同學之間與群組的訊息了。

也因爲對性產生了好奇，想要獲得異性的關注，於是會開始很在意自己的外觀，特別是國中，女生會學習化妝、男生也會注重髮型。兒子同樣是從那個時候想要自己選衣服與裝扮了。不過也有例外，像女兒是小學高年級與升上國中的時期，無論多熱，都會穿上外套包緊緊，褲子也是選擇黑色的長褲或七分褲，不喜歡穿短褲與裙子，這也許是與她的體型發生變化有關吧。所以，每個青春期孩子的發展皆是獨特的。

這樣的變化多少是與大環境有關的，特別是網路，也是正常的發展，我們很難阻擋，唯一能做的事情，就是**保有良好的親子關係與順暢的溝通**。

倘若孩子在學校遇到了任何與性相關的事，比方聽到了不雅的髒話、黃色笑話、對於異性的看法等，倘若他平時不太與爸媽分享，我們就根本不會知道了。所以，我們一定要提醒自己，不要讓孩子在外面的事，爸媽是最後一個才知道。

只要親子之間有著順暢的溝通，當孩子在學校聽到了什麼，或是他自己遇到了什麼，孩子回到家願意與我們分享的話，都有機會能即時地與他們說一說我們的想法，來建立他們對於性的觀念。

時時提醒孩子，**可以對性好奇，可是依然有著很重要且不可跨越的界線**。

正面回應孩子對於性的好奇

大概是兒子小學中高年級時，回到家分享的事情，經常讓我感到瞠目結舌，比方，他曾問我：「爸，什麼是『打手槍』？」「『做愛』是什麼意思？」「什麼是『高潮』？」等，著實讓我驚出了一身的冷汗啊。當然，我曉得這些詞彙全部是兒子在學校從同學那邊聽來的。

我們可以想像一下，同學之間講著這些言語，講完之後，幾個人嘻嘻嘻地在偷笑，而我們的孩子因為聽不懂而沒有任何反應，他可能會覺得自己無法融入，如果此時同學還嘲笑他說：「你聽不懂喔?!哎呦~~好單純喔。」然後我們的孩子追問：「什麼意思?」其他的同學笑得更大聲：「哈哈哈，你自己去查啦。」說完就離開了，也不會多解釋什麼，此時，孩子會更顯特別，這些是我兒子曾在班上所經歷過的互動。

假使孩子回來問了這些問題，我們沒有正面回應，而是回答：「嗯~去問媽媽。」「小孩子亂問什麼?」「這些你長大就懂了。」當孩子的好奇心沒有得到滿足後，心中的好奇並不會因此而消失，反而會去別的地方找答案，你覺得會是哪裡呢？沒錯，就是網路。

請問，你放心網路所呈現出來在孩子面前的答案嗎？

況且，現在很多孩子在網路上搜尋，都是使用「圖片」與「影片」。請再讓我們想像一下，孩子打開瀏覽器的搜索引擎，輸入關鍵字（比方：做愛），再按下圖片或影片的方式來搜尋，你們覺得跳出來的資訊會是什麼呢？會適合我們的孩子嗎？

所以，孩子只要對性有了好奇，第一個管道是回來問我們，這是非常好的機會，而且也能顯示我們是無話不談的關係。此時，我們不能逃避，而是要選擇正面回應。

以家庭爲核心的回應

其實，孩子對於性的好奇，不會是青春期才有的，說不定在學齡前就會有了，例如「爲什麼女生的上圍比較突出？」「爲什麼爸爸你尿尿的地方有毛？」「爲什麼爸爸跟媽媽尿尿的地方長得不一樣？」我們對於這些提問的態度皆是一致的，就是要以不隱諱的平常心，選擇正面回應。

以下是個人的想法，我不是這方面的專業，只是單純的經驗分享，歡迎你們能多參考不同的建議，只要是適合自己與孩子的就好。

我的回應方式呢，是以「家庭爲核心」來闡述性這件事，也就是兩人因爲相愛而組成家庭，然後，想要把這份愛給延續下去而擁有孩子。

想讓孩子覺得「性議題」是個很正常的話題，我們只要用一般心態去理解與說明就好，不用過於正經或嚴肅，只是，解釋方式依然依年齡而有所區分。

女兒就曾問過我：「爸爸，爲什麼女生的胸部會比男生突出啊？」此時的她4歲。我就說：「女生的胸部之所以會比男生突出，是因爲結婚、生了孩子，小寶寶還沒有牙齒，不能咬食物，只能喝奶來長大。而女生的胸部，在天生的構造上會分泌母奶，儲存在胸部。」

我接著說：「而且，剛出生的小寶寶視線還很模糊，只是看得到近距離的範圍，此時，媽媽的胸部比較突出，也是方便讓小孩找得到來喝奶囉。」

女兒聽完後，「喔~」了一聲，臉上露出了好奇得到滿足的神情。

兒子也在小學時問過我：「爸，什麼是做愛？」我回答：「這是兩個相愛的人，想要擁有孩子的過程。」當然，大人的理解上會更複雜，往後再慢慢聊就好，用他當下年齡能理解的詞彙來說明即可，不用講太多。相信他往後會遇到類似的情形，只要親子關係與互動是好的，都有機會繼續深聊。

所以，我們除了要正面回應之外，以家庭為核心的方向，依照孩子的年齡，講出他們能聽懂的言語就好，點到為止，不用自曝太多。如果超出他的理解範圍，反倒問更多，我們也很難收拾啊。

欣賞、喜歡、交往與愛

兒子的班上傳著誰喜歡誰、誰跟誰告白、誰與誰交往等之類的消息後，我也找了機會與兒子聊聊異性之間種種曖昧不明、小鹿亂撞的情愫。

異性之間的吸引力，有著四種不同的程度區別。

第一種：欣賞

欣賞對方的某種特質，忍不住會注意他，想要與他靠近、想要跟他互動、偷瞄幾眼，如能說上幾句話，更是開心一整天呢。因爲欣賞而有了情竇初開的喜悅，絕對是相當美好的。

第二種：喜歡

欣賞是第一步的話，想要爲他付出，就進入喜歡的程度了。想要逗他笑、替他買早餐，期待能注意到自己、等他放學一起散步、排除其他的事只爲了等他的訊息、特地爲他準備禮物等。

第三種：交往

許多的孩子認爲，我喜歡你、你喜歡我，我們就應該要交往，成爲男女朋友了。只是，他們較少想到的是，「交往」是需要負起責任的。

「交往」是種承諾，既然我答應了在這段關係之中，我的眼中只有你、你的眼中也只有我，所以，我必須負起這段關係的責任。兩人要學習在乎彼此的感受，於是，我不能與其他的異性有過多的接觸，因爲你會不開心。當你的心情是不好時，我可能需要承擔起傾聽的角色。

當然，最大的責任，就是在交往過程中有了親密行爲，無論是事後需要向對方負責，抑或是有了身孕的負責，皆是要在事前先想到的，這也是在法規上針對性行爲有年齡限制的原因。

進入「交往」的程度，是需要相對成熟的心智。假使尚未成熟就談交往，也很容易分手，在不負責任的心態下，往往會一個連著一個換交往對象。

第四種：愛

「喜歡」的付出，是希望能有所獲得。那麼「愛」的付出，是不求回報的。比方：絕大多數爸媽對孩子無條件的愛、兄弟之間的兩肋插刀、夫妻之間的海誓山盟。

上述只要好好的與孩子討論，協助他審視目前與心儀對象的關係，提醒目前能進展到哪裡的界線認知，以及跨過界線的後果與該承擔的責任。

孩子對於性認知的建立

有次，在與親戚聚會的場合上，一位想法傳統的長輩向已是國中生的女兒說：「妳已經13歲了，可以跟媽媽學煮飯啦。學會煮飯後，就能抓住男人的胃，妳在家裡的地位就能提高喔。」

「為什麼是我要煮飯給老公吃？為什麼不是老公煮飯給我吃？」散會後，女兒氣嘟嘟地跟我說。

「妳不想煮飯給妳未來的老公吃啊？」我問。

「不是，剛剛他（長輩）講得好像煮飯是我的事一樣，為什麼是我的事，才不要咧，我想煮才煮，不想煮的話，老公也可以煮啊，不是嗎？」

「欸~~女兒，妳的這個觀念，是出於什麼原因呢？」

「因爲，你跟媽媽就是這樣啊。」女兒說。

老婆是家中不動的大廚，在廚藝上，我的確是差太多了。可是，煮飯不是老婆一個人的事，是全家一起的事。老婆在煮飯時，我會在一旁伺機而動，削馬鈴薯皮、把蘿蔔切塊、清洗青菜、洗砧板、清理水槽裡的食物渣、果皮、擦拭檯面周圍的水漬或油漬等。老婆煮飯有她的順序、步調與動線，我的協助不是干擾，而是減輕她煮飯的重擔。當然，老婆不想煮時，就換我來大顯身手啦。

女兒的這句話，讓我理解到，**「孩子最根本的性認知建立，其實是來自於父母的相處。」**只要我們有做到尊重伴侶，孩子也會學習到如何尊重異性，這個部分，後面的章節可以談得更深入。

要提醒自己~我們在做的，孩子都在看著，也正在學著呢。

♥澤爸的貼心小叮嚀

1. 從小保持與孩子無話不談的習慣，遇到性議題時，才能知道他的想法與適時的建立價值觀。
2. 我們要正面回應孩子對於性的好奇，並以家庭為核心的方式來說明。
3. 尊重與愛伴侶，是孩子對於性觀念的最佳示範。

我們了解新世代的青少年嗎？

兒子問我：「爸，你以前小的時候，沒有3C，都在幹嘛啊？會不會很無聊？」

還記得，當年的電視只有三台，到了半夜還會沒訊號，而且節目沒那麼多元、資源沒有那麼充足，看完自己喜歡的節目後，就只能關掉電視機了，也沒有太多的玩具，於是跟哥哥一起玩、外出找鄰居的小孩，不然就是看自己最愛的金庸與倪匡小說，這是我的童年時代。

可能許多人會崇尚過去的美好，以及人與人之間較爲深厚的連結感。可是不得不說的是，科技的發展，也的確便利了我們的生活，能與遠在他方的人有所連繫，若是在以前談到「居家辦公」（Work From Home）這個名詞，應該會被譏笑是天方夜譚吧。

如同先前疫情較爲嚴峻時，許多實體的講座紛紛取消，幸好還有線上平台的支援，才能讓我在家裡都能夠演講，安然度過那提心吊膽的三年。

連在成年之後才接觸到3C的我們，都發生了如此大的變革，何況是我們的孩子。

他們被稱爲「數位原住民」，從一出生就隨手能碰觸到3C了，可能還不會開口說話，卻早已知道要如何滑動螢幕。新世代的孩子，學習3C的速度之快、新科技的接受度之高，絕對是超乎我們的想像，而且他們從網路上所吸收到的，在大方向來說，絕對是好的，例如能平衡城鄉之間資源的不足。

新世代青少年的特點

既然他們對於3C是完全不陌生的，而且從小就在接觸，即使爸媽在家裡有在約束，可是到了學校，同學之間的話題、互動的方式，全部都與3C有關。幼稚園時在聊卡通、小學時聊電動與YouTuber、高年級時有了Line群組、國中與高中更是使用

ＩＧ、Threads與TikTok的高峰，邀約連線打手遊，成爲了初認識的起手式。

尤其是邁入青少年的孩子，對於同儕的需求會遠遠大於對爸媽的需求。於是，孩子對數位世界會更加好奇，也更加嚮往。

這幾年我跑遍全台灣進行演講，發現新世代青少年有以下特點。

1. 擅長使用３Ｃ科技

不排斥新科技，並且擅於運用與操作，無論是課業學習、製作簡報、休閒娛樂、交友互動等，視３Ｃ爲生活必需品之一，延伸至職場後，更能快速上手、提高效率。

對３Ｃ的高度黏著是一個普遍的現象，爲了在家打電動或與朋友聊天，不外出也無所謂。假使手機沒電或沒帶行動電源，等於是要了他的命一樣啊！不過，有些大人似乎也是如此。

2. 對新事物充滿著新奇

「唯一不變的就是一直在變」是近十年來的縮影。整體變化速度加快，３Ｃ上的App更新頻繁，下載後不喜歡刪掉就好，連在ＩＧ上都偏愛24小時即會消失的限時動態，而不愛發文。Threads簡單、快速、抓住流行的討論串，再加上隨時有機會爆紅且迅速漲粉的模式，很受他們的喜愛。

所以，新世代另一個很棒的特色就是對新事物的接受度高，面對變動的環境，是很能適應的，也能快速應對。

喜愛嘗試新事物很棒，可是，有個問題是堅持不久，只要是有一點不有趣、沒能吸引到他，淘汰得也很快。所以，能夠具備強韌的持久力與恆毅力，會是新世代孩子能脫穎而出的特點。

3. 有主見、自我意識提高

新世代的家庭生得少，許多小孩從小被呵護長大，數個大人圍繞著一個孩子。也正好教養的觀念從權威轉變爲愛的教育，可是，有些家長卻拿捏不了中間的界線與平衡，該管的時候卻在尊重、該教的時候卻在維護、該堅持的時候卻在溺愛，看似給予極大的自由，實質是在放任。

新環境的養成，使新世代的青少年相當有主見，也勇於爲自己發聲，重視自己的價值所在，渴望能被看見，期待能做影響力的大事，而且，也很注重企業文化與理念契合，在職場上希望不再是上對下的階級，而是互相理解與尊重的關係。

有自主想法肯定是好事，然而，這份主見多以自我爲中心來思考（倘若從小的教養是放任的，這個自我就會偏向自私了），「自我」不是貶義詞，而是在想法上較爲重視個人大於群體、著重於當下的快樂，寧願自由自在，追求工作與生活的平衡，對於未來的憂患意識比較低，在職場的選擇上更加顯著，不再追求一份工作要做很久，更不會認爲進入一間大公司就能幸福美滿一輩子，重點是有沒有活出自己。

在外顯的行爲上，會展現出好像我很厲害、覺得自己很酷，可是，有些孩子的耐挫力不佳，遇到困難或挫折就容易退縮，或是擔心可能會失敗，連試都不願意試，這是需要留意的。

4. 渴望快速成功

新世代的孩子生長在一個能瞬間滿足的時代，以前想買個東西需要到實體店面，逛了好幾家店也不一定能挑到滿意的，現在只需要滑一滑手機，下單後隔幾天就收到了，不喜歡退掉就好，甚至還有幾小時快速到貨的服務。

類似的科技還有：追劇不用每個星期苦苦等待，等播完後一次看完；吃外食不用出門，餐飲外送服務到家，還直接送至家門口，連衣服都不用換；看電影不用到電影院排隊，拿起遙控器連到OTT串流平台馬上看；現在連想交朋友都不用去學習社交了，交友軟體能幫忙配對。

也因爲有這些進步，他們敢嘗試、勇於挑戰，懂得把時間放在値得的事情上，卻缺乏耐心，總希望能一步登天，跳過中間充滿冗長、艱難、曲折與刻苦的過程，直接享受成功的果實。所以，願意等待、能享受過程的人，才能體驗到眞正的成就感與滿足感。

5. 懂得展現自己

FB、IG、TikTok、Threads等社交媒體的盛行，當孩子有了帳號後，便會在意好友數、按讚數、有誰按我的讚、留言與轉發。爲了要獲得關注，許多孩子在自媒體上是樂於展現自己的，無論是網美照、跳舞、化妝、搞笑等形式，目的是能獲得他人的目光。

現代的孩子很擅長把自己的優勢表現出來，可是過猶不及，當他們高度在意網路數字時，很容易把這些數字表象與自我價值綁在一起，彷彿有人按我的讚，我才有價值、他們才是我的朋友，沒有了社群媒體，我就什麼都不是了。

而且，在網路上過度地美化自己，向他人展現我的生活是多麼的美好，只爲了能獲得他人羨慕，隱藏任何負面的呈現，其實內心深處可能是脆弱的、沒有安全感的。

所以，能夠懂得愛自己、明白自己的優點與價值所在，是很重要的。

新世代的隱憂

上述的特點，有好的一面，也有令人擔憂的一面，不過，3C與網路就是一種工具，是個中性的載體，重點是使用的人如何運用。

以下是隨著對自我的覺察，以及對許多事物的觀察，由於3C的便利，對於現代人有著隱隱的憂心。

1. 減少與親近之人的深厚連結

兩人在約會，拍完美食照後就各自滑著手機，直到完食。這是我在餐廳真實看過的景象，沒有了聊天、探問、好奇與分享，彼此的交流就停住了，於是很難建立起深厚的情感與連結，緊密的關係也很難產生。

親子與夫妻之間，皆有可能如此。孩子哭了，應該是透過親暱的安撫來建立安全感，不該用3C來停止哭聲；早上起床，應該是先與伴侶說聲早安，而不是先摸手機來滑；家庭聚會時，應該要有意識地把手機收起來，好好的與家人談天說地、關心彼此，而不是進入一個隔離區般的，自顧自地滑起手機。

與人產生連結是需要練習的，如果連對親近之人都無法建立深厚的連結，對外人相信會更難。

2. 缺乏與自己相處的獨處時光

當我們感到無聊時，會做什麼事呢？相信許多人的選擇都是拿出手機來滑吧。3C的確是可以消磨時間，可是，塞滿了所有的空檔，也缺乏了能與自己相處的獨處時光。

與自我獨處有什麼好處呢？能貼近自己、自我對話、探索內在、心靈沉澱、感受平靜、深度思考、釐清思緒等，這些是需要透過體驗而體會到的。

如果沒有長期自我獨處的培養與習慣，無聊時，沒有了3C，反而很容易感到焦慮與不知所措，慢慢地，不知道如何靠近內在，也很難了解自己怎麼了。

與自我獨處的方式因人而異，我的方式是跑步、閱讀、靜心、聽音樂、做模型，也聽過其他方式，包括書寫、瑜伽、散步、畫畫、釣魚等都很不錯，能找到適合自己的就好。

3. 因龐大的資訊而感到焦慮

不曉得你們是否讀過類似的文章，「不該對孩子說的五句話，說了影響他的一生」「家長要注意，做了這件事可能造成孩子的童年陰影」「可怕的教育，這樣做反而害了孩子」等。

能藉由網路獲取更多的資訊是好事，可是這些資訊的背後，也可能是在追求商業行爲的點閱數，因此用聳動的文字來吸引點擊，有些還會用農場文章來博取眼球。只是，用心的父母卻會因爲這些標題與內容而動輒得咎，變得凡事皆需小心翼翼，深怕一個錯誤就害了孩子，於是，也很容易陷入自責的情緒，導致資訊越多，面對教養卻越是焦慮不安，不知該從何著手。

我們是如此，孩子更是，他所接收的資訊來源更多更廣更雜，因此在資訊豐沛的年代，我們應該具備足夠的判斷力與敏銳度，擁有個人的核心價值，看到任何標題與影片，皆能擁有辨別是非的能力，並且敏銳觀察出其正確性。

4. 對於深度長文容易失去耐性

這是一個快節奏的時代，無論是社群媒體、線上影音平台以及近年來最盛行的短影音，都在把我們引導至一個「如果沒有在短時間吸引到我就滑走」讓注意力分散的趨勢。

也因爲這些３Ｃ影音與電動的聲光刺激性太高，再加上注意力縮短的情況下，對於相較之下平淡無奇又需要時間細細品味的長篇文字，就很容易失去耐性了。

閱讀長文的優點有培養專注力、耐性與定性，以及增加詞彙、提升語言能力，假使此篇長文又具有深度，更能具備獨立思考的能力與腦力激盪的思辨力，還能透過閱讀深度文字的參考，而發展出寫作能力。

使用３Ｃ的同時，也別忘了留些時間給自己，翻閱喜歡的書籍吧。

5. 不擅長表達出內在情感與深層的想法

許多人在心情不好時，會想躺著滑手機、追劇、看影片與玩手遊等方式來讓心情好轉，不過，此舉並沒有讓情緒產生流動，而是忽視情緒的存在。並不是說這樣的方式不好，而是如果3C成爲我們唯一能舒緩情緒的方法，我們就會漸漸失去自我調節情緒的能力了。

年幼的孩子一哭鬧，許多家長會拿出3C來安撫；到了國高中，正值青春期的混亂高峰，有了手機後，也幾乎成爲了平撫心情的唯一管道。

情緒教育的培養有四個步驟：**認識情緒**、**辨識情緒**、**表達情緒**與**抒發情緒**。前兩個步驟可說是以覺察爲開端，能夠擁有覺察的能力，就必須先懂得如何與情緒靠近。當我們總是用忽略情緒的方式來對待自己，只會感受到怪怪的、不開心、想爆炸，卻不太了解自己到底怎麼了，與情緒之間有著隔閡，情緒來了會感到陌生與不安。然而，情緒卻不會因此消失，只是假裝看不見罷了，於是累積久了，就像是顆不定時的炸彈一樣，隨時會引爆。

家中的青少年一臉不悅，我們問他怎麼了，可能只得到「不知道」的回應。有時，並不是他不願意說，而是連他自己也不清楚自己怎麼了。如果我們再追問，孩子可能就會說「你好煩喔，可不可以不要再問了」之類的不耐煩言語。

爲什麼我們需要了解自己怎麼了呢？薩提爾學派曾說過「敘事帶來療癒」。當我們越是了解自己的內在，知道情緒背後的原因，就能用適度的方式來舒緩與排解。假使還有一個對象能傾吐，如實地陳述出自己的不開心、心中鬱悶的原因，通常，心情便會好一大半了。

此時，又需要講到現代孩子的另一個隱憂——不善於表達出內在情感與深層的想法。

以往沒有3C的年代，如果希望他人能了解我，就必須直接面對面或通電話來努力表達自己。像之前在追求老婆時，打電話之前，我還要把想對她說的話默誦練習好多遍，才敢撥打。

現在，用圖片與表情貼圖來傳達情緒，用按讚來傳達喜歡、用一大堆簡稱來傳達想法，甚至是交友軟體的發明也簡化了心意的傳遞，缺少了這些練習，我們似乎也漸漸失去了這項能力。

有許多青少年，平時好像很會講，可是如果希望他能說出有深度的思想，或是在心情不佳時，希望他能講出內在的種種，卻是有難度的。

當一個人不了解自己怎麼了，就很難表達自己的情緒，以及找到適合的方式來抒發情緒，然後，他人也很難靠近，說不定只想離得遠遠的。

看見新世代孩子的優點

倒也不用貴古賤今，總認爲過去的方式比較好，只要沒有符合我們的期望，就嘮叨著新世代的孩子是「躺平族」。其實他們的躺平，也只是一種對於現實的無奈、迷惘與沒有目標的無聲吶喊。

的確，我們一路走來的特質，成就了現在的一切，可是時代在變，觀念也需要跟著一起變。試著理解新世代孩子的想法、看見他們的優點與特長，例如想法多、勇於發聲與挑戰、善用各種科技工具、願意展現自我、強調多元尊重。

我們只要保持著開放的心態，再協助孩子發揮優勢，相信他們也能闖出屬於自己的一片天。

有次，我們全家人與朋友聚餐，大家邊吃邊聊天，朋友突然問了我的兒子和女兒：「你們很會說話耶，懂得把自己的想法講出來，是有經過什麼練習嗎？」兒子和女兒聽了之後，兩人都一致的指向我。

「你們指著爸爸，是什麼意思？」朋友問。

「都是因爲他啊，爸爸很愛問我們問題。」兒子跟女兒異口同聲。

「問問題？你爸都問你們什麼問題啊？」朋友好奇再問。

「任何事情都會問。」兒子說。

「有時候我不想說，爸爸會很有耐心地等我願意說了再來聊。」女兒說。

「你爸問的問題，跟你們兩個很會說話有什麼關聯呢？」

「因爲，我爸都會希望我們試著把心裡的想法跟當下的感受說出來，多說幾次，自然而然就會講了。」

關於新世代的隱憂，只要我們有留意，再用對的方法來引導，相信不會困住孩子的。

沒有手機就不知如何排遣無聊

兒子之所以會問我「沒有3C的年代，都在幹嘛」的原因呢，是因爲他的手機沒電了，正在充電中，然後一直喊著無聊。

「好無聊啊，我不知道要做什麼。」兒子說。

「你想做什麼啊？」我問。

「我不知道。」

「可以問問自己：有哪些喜歡做的事？」

「我喜歡打籃球跟彈鋼琴，可是外面在下雨，不能去打，鋼琴已經彈過了，不想再彈。哎呀～～爸～～～我到底要做什麼啊？」

「你問我，我怎麼知道呢？」
「你隨便給我一些建議好了。」
「看書？」
「不要。」
「做模型？」
「不想。」
「我們出去走走散步？」
「好懶喔。」
「……（無言）……兒子，爸爸沒想法了，你自己決定吧。無聊是你的事，可不是我的事啊！」

我是在兒子高中時才給他手機的，看來~他似乎差不多要忘光了，在尚未拿到手機前，是如何度過無聊時光的啊。

你們說，手機的影響有多大。

♥澤爸的貼心小叮嚀

1. 我們可以帶著開放的心，多接觸新世代的發展與事物，不用排斥，如此才能貼近孩子。
2. 引導他們走出屬於自己的道路，不要用老舊的觀念綁著他們。
3. 每個世代都有其優點與缺點，多看到孩子的亮點，發揮他們的特長吧。

1. 「爸媽煩什麼」Podcast與黃世綱醫師的訪談如下：

「EP69 後天努力來得及長高嗎？基因影響佔多少？兒童發育101問」

「EP70 這樣吃、喝、動、睡，孩子發育自然好」

2. 「爸媽煩什麼」與腦科學教養專家周育如老師的訪談：「EP92 別管什麼青春期風暴了，爸媽請先把自己過好」

Part 2

看懂

孩子心中的渴望

有個女孩，在我演講時流淚了。講座中，我邀請聽眾進行模擬對話時，有位國八的女孩願意扮演自己，而我則是扮演爸爸的角色。在親子衝突的情境裡，我表達著對她的在乎與重視，她聽著就有些哽咽了。我看出了她的不對勁，也即時的收住，感謝這位女孩願意拿麥克風，也感謝她身旁的爸爸。

後來，我繼續演講時，她在位子上忍不住潰堤，淚流不止。我觀察到的當下，思索著剛剛是否有說出不適當的話，也想要在演講後去關心一下。

演講完了，這女孩與她的爸爸主動走近我，女孩先說：「澤爸，你剛剛講得好好喔，我都感動到哭了。」

爸爸接著說：「她（指著女兒）要我回家之後，要學習你說話的方式，來跟她講話。」

我有些如釋重負的笑了，對女孩說：「如果爸爸願意的話，那很棒喔，不過澤爸叔叔也練了好多年，所以，請妳要多給爸爸機會與包容喔，有的時候沒做到，也沒關係，好不好？」

我再繼續說：「假使爸爸說了讓妳感動的話，可以給予正向的回饋，給爸爸一個稱讚，也可以給爸爸一個擁抱喔。」我剛說完，女孩又快哭了，她的爸爸趕緊上前擁抱女兒。看著父女相擁，眞心覺得這是一幅好美的畫面。

隔天收到學校的回饋單，這女孩還特地留言寫道：「參加澤爸的講座，聽到哭出來了，很感動，如果我有聽到爸爸與媽媽跟我說講師說的那些話，我眞的會非常開心。當我與講師（扮演爸爸）在對話時，感到很幸福。」

原來，那女孩是因爲感受到幸福而流淚啊。也讓我體會到，每個孩子的內心都渴望爸媽能充滿溫度的好好對他，即使是青春期的孩子，心中也依然渴望能被爸媽的幸福所包圍。

青少年也渴望被爸媽所愛

在我的著作《對話中讓孩子感受愛》裡有提到，大致是說「一個人生存的養分與成長的動力，是心中的渴望被滿足了。意味著，我們都渴望活在被愛、接納、意義、價值、自由、安全感、信任感的體驗裡。也就是從被愛的體驗中，填滿內心深處的需求。」

孩子最希望獲得「被愛體驗」與「滿足內心需求」的對象，相信爸媽肯定是其中之一了，即便是正處於青春期的青少年也是一樣的。

前面提過，當孩子到了青春期，對於自主的捍衛也是越來越強硬了，如果此時的爸媽也採取更硬的教養方式，只會兩敗俱傷。第一個影響是壓抑孩子的自主性，讓他感受到自己的想法不重要，唯有迎合爸媽才是對的，這樣的孩子往往缺乏主見。第二，有些孩子會採取敷衍的態度，也就是表面上同意，私底下背著家長做自己，然後，被發現了就會引發更大的衝突。第三，容易激起孩子為反而反的抗爭，也就是你越嘮叨，我越是抗拒去做，如果爸媽也進而加重懲處的力道，就會導致親子關係產生很深的裂痕。

無論是哪一種，親子雙方都是在做權力的抗衡與拉扯，是不太可能有「被愛體驗」與「內心需求的滿足」的。

青春期的孩子，還渴望從爸媽身上獲得的是：自由、信任以及接納。也就是，**我能從爸媽的信任中獲得自由，能感受到爸媽是接納著正在成長的我，並且我是能夠擁有自主意志的。**

讓孩子明白我們的心意

兒子升上高中後，「不想被管」的樣態越來越明顯。並不是說他的態度不好，情緒也不會很大。而是遇到某些他想堅持的點，展露的神情跟語氣會比較強硬。

其實這很正常，畢竟從國中至高中這6年，可以說是「孩童準備轉爲成人的練習期」。到了成年的年紀時，絕大部分的事情都要由他自己負責，我們能替他做的也不多了，許多事要靠他自己去面對，如果沒有這段時間的練習，他怎麼能從錯誤中去培養出正確抉擇的判斷力呢？

我是跟他說：「兒子，你能擁有自己的想法並且堅持，是件很棒的事，表示你長大了，爸爸替你感到相當的開心且欣慰。」

「開心的是，你正向我們展現你的自主；欣慰的是，我們對你從小到大的教導，培育出你邁向獨立的人格。這一切都是很美好的，所以，屬於你的事情，我們是絕對相信，而且信任你能夠做好。只是，在你成年之前，有些事情，我跟媽媽依然有著管教的職責。」

「當你聽了我們的要求，可能你是不理解的。又或者，內心是傾向想跟同學一樣。我們有作爲爸媽在教導上的理由，可是，我們對你說明的目的，不是爲了說服，而是希望能讓你明白，這些要求背後的良善心意。」

「所以，我們不會要你只有聽話，而是希望在一些教養的界線上，基於安全與尊重的基礎，希望能夠好好與你討論，如何在規範內，滿足你所想要辦到的。」

跟兒子表達完後，他的態度很明顯的比較放軟，相較於先前，更有意願與我們一同討論。經過幾次經驗後，兒子的確在我們的放手與讓步之下，是有感受到信任的，他還跟我開玩笑地說：「爸～你不錯，有進步喔。」看著他的長大，突然意識到，作為「我兒子的爸爸」這個責任也快要卸下了。

這段與青春期兒子的磨合過程，有爭執、有難過，也有甜蜜，更多的是看到了兒子的蛻變，其實不僅是他，我都覺得自己更成長了。我向兒子說過：「因為有你，我也改變了很多、成長了很多，有你眞好。兒子，謝謝你讓我成為爸爸。」

孩子在長大，爸媽的心態也要不一樣。不過，唯一不變的是，孩子心中的那份渴望，一直都在。

爸爸的愛

「爸，我剛剛剪輯好一個影片，傳給你看喔。」女兒在Line上傳訊息給我。

「好喔。」我回女兒。

「因爲影片的長度比較長，可能會傳久一點。」

「OK，妳傳好了跟我說一聲。」

「欸～奇怪，原本快要傳好了，但是卻斷掉了，我再重傳一次喔。」過了一會兒，她傳文字給我。

「沒問題，爸爸在這，爸爸永遠都會等著妳的。」我打了這句話給她。

「爸～～～這句話就太多囉。」女兒還附了一個無奈的貼圖給我。

孩子渴望爸媽的愛，可是，爸爸的愛太多太滿了，女兒只想翻白眼啊。

♥ 澤爸的貼心小叮嚀

1. 我們要曉得，青少年的孩子雖然不再依賴我們了，可是，還是很渴望被爸媽所關愛。
2. 這份關愛，是孩子感受到爸媽對他的信任、接納、包容與支持。
3. 讓我們多用行動與言語，來傳達這份愛給孩子吧。

當孩子爲了追偶像而荒廢了學業

「你有精力去追星，還不如把時間放在讀書上，這不是更有意義嗎？」

不曉得你們追逐過明星嗎？還記得在高中時，我追過的明星有周慧敏、伊雪莉、李若彤、張玉嬿（是不是透露年齡啦?!），除了收集偶像小卡、從報章雜誌上剪下她們的新聞，集結成冊，製作成專屬的每人一本收集本之外，還去過唱片行舉辦的簽名會，當場認識了幾位同好，一起連跑好幾家唱片行，對我來說，是個很棒的回憶。

不過，這些過去，是很少與我爸媽提及的，因爲他們不但不理解，還會開始講道理。所以每當要出門追星時，我會用不同的理由出門，買明星的周邊，也是想盡辦法擠出錢來。

由於我的高中時代深陷於無止盡的考試壓力之中，追星成爲了生活中的小確幸，少數能感到開心的來源之一。

偶像的多元化

新一代的爸媽，差不多與我是同個世代的家長，對於孩子追星的行爲是開明許多了，不太會阻攔，甚至一起追星的都有。我有去韓流專賣店替女兒買BTS周邊商品的經驗，上次BLACKPINK來台灣開演唱會時，我朋友替她的孩子搶票，還一同去看演唱會，媽媽比女兒還瘋狂呢！

現在是韓國偶像強勢當道，不過由於網路的發達，新世代孩子的偶像是很多元的，比方不同國家的明星、YouTuber、電競實況主、虛擬偶像（例如初音未來），甚至還有VTuber（虛擬實況主）。

我們可能不是很了解這些偶像在做什麼，也不太懂孩子爲何會如此著迷，可是必須提醒自己，不要急著否定，因爲在青少年的年紀，會追求或崇拜偶像，一定有他們的原因與喜好，如果我們否定了他們，只會阻斷了我們能更加理解孩子的機會。

追逐偶像的特殊能力

在青少年的心理層面，追求偶像可以說是一種反應內在的投射，有著對於異性特質的吸引，還有對於自我認同的渴望，見到偶像彷彿對應著理想中的自己。另外，有一部分是在心思混亂與滿是壓力的青春期，能夠藉此撫慰心靈與精神寄託，讓生活中有目標可以追尋。

追逐偶像固然是很平常的，可是過猶不及，我們可以觀察孩子，他的消費金額是否超過能負荷的程度、投入的時間是否影響到日常的作息、是否熱衷到捨棄掉與家人之間的互動，如果有的話，還是需要與他好好的談一談。

只要是平衡的，孩子追偶像的行爲，因爲有著強大的內在動機，執行力的層面絕對是高度自動自發，完全不需要我們在背後推著，於是在熱衷偶像的同時，也能培養出許多特殊的能力。

1. 聊天的能力

青少年會追求偶像的原因之一，是能與同儕有話題，得到歸屬感，希望與同儕之間有更多的連結，就必須強迫自己分享關於偶像的種種來獲得共鳴，於是在分享的過程中，也會在無形之中訓練了口條與表達。

2. 搜查資料的能力

網路世代最重要的特質，就是需要用最小的力氣、關鍵的文字，找到自己需要的資料，無論是職場上或學業上，都需要這個能力，而孩子在網路上收集或查詢偶像的相關訊息時，無疑就是在做鍛練了。

女兒迷上BTS時，在短時間之內就了解了BTS的所有過往、專輯故事、成員個性、MV彩蛋與何時退伍和合體等，靠的全是她如同偵探般在網路上的搜查功力，實在令人佩服。相信以後她的老闆需要女兒在網路上找資料做分析報告時，肯定是沒問題的。

3. 儲蓄忍耐的能力

迷偶像，就會想要購買偶像的周邊，但這些周邊商品可是不便宜的，對於零用錢有限、手頭不寬裕的青少年來說，錙銖必較就極爲重要了。放學回家的路上，需要忍耐著買零食、飲料的欲望；看到同學有好可愛的文具，告訴自己不能亂花錢。如此，才能夠慢慢的存下金錢，來購買偶像的商品，所以，這是很不容易的呢。

4. 主動學習的能力

兒子因爲喜歡韓團而去學韓文，女兒因爲喜歡日本演員新田眞劍佑而去學日文。兒子學習的目的，是想要直接看網路上未經翻譯的影片，因爲比較即時；女兒學習的目的，則是希望能像新田眞劍佑一樣，成爲一個多國語言皆流利的人，她覺得這樣很酷。所以，孩子迷偶像，也是有正面影響力的喔。

5. 發揮個人擅長的能力

追求偶像，爲了想要展現自己的支持，便會把自身的能力發揮出來。比方說，當喜愛畫畫的孩子，想要製作偶像的應援海報，就會運用心思來設計與美編；當偶像有活動，號召力強的孩子，就會用自己的組織能力來動員粉絲；熱愛跳舞的孩子，爲了想學習偶像的最新舞蹈，就需要堅持且刻苦地學舞。

女兒因爲喜歡ＢＴＳ，搜尋網路上的影片與圖片，下載後自學影片剪輯軟體、重新編排、加特效與字幕，只爲了做出喜歡的片段收藏，她看到網路上有人用偶像的圖片製作出來的手機桌面，如法炮製做出了更好的版本，這些全靠她自己的摸索來增加剪輯後製與軟體製圖的技巧。所以，要追偶像也是不簡單的呀！

試著了解追星行爲，增進親子關係

對於孩子的追星行爲，我們不否定、不排斥，可以試著了解，這已經是很棒的第一步了。

我們能因爲想要了解，進而擴展與孩子的話題，比方，能多跟孩子聊「什麼原因喜歡這個偶像呢？」「你喜歡這個偶像的特點是什麼？」「這個團體有這麼多的團員，是什麼原因你比較喜歡這個人呢？」來多了解他的想法。

另外也多了解他在學校的人際互動，比方「你的同學也喜歡他們嗎？」「你跟同學在學校也有聊偶像的事嗎？」「他們會收集周邊嗎？你也會想要嗎？」「同學們有在學韓團的舞，你也想學嗎？」

當孩子喜歡的偶像有新的消息時，他會主動與我們分享，表示我們成功了，因爲在孩子的心中，認定了我們是個願意接收新知、能跟上世代的家長。

如果願意更近一步的話，還能與孩子一同接觸、陪同追星，絕對能增進非常多的感情與聊天話題。我有一位女性朋友，她與自己的國中女兒一同練舞，甚至還拍了MV，都能看得出來她與女兒的好關係。

我們不一定能懂他們爲何要追偶像，只要願意試著去尊重與理解，帶著開放的心去接觸看看，肯定能拉近與孩子的距離。

爸爸也會跳韓團舞

「欸，(G)I-DLE出新歌了耶，這次她們新發行的〈klaxon〉，感覺很夏天、很輕鬆耶。」我很興奮地跟兒子女兒分享。

「喔～～爸，你知道喔？」兒子有些驚訝的說。

「對啊，自從上次你找我一起看(G)I-DLE在紅白藝能大賞上的演出後，覺得她們很不錯，是很有個性的團體。」

「所以，是我拉你入坑的囉?!」

「算是喔，而且，歌曲也很好聽啊。她們之前的歌〈Queencard〉，舞蹈我也會跳，你看。」我立刻跳了副歌「阿嬤睏咖」的舞步。「然後，還有〈Klaxon〉的。」再追加副歌部分「Woo woo wah Woo～」的手部動作。

「哎呦～～你不錯喔，有跟上流行喔！」兒子很滿意的神情。

「哼～這是當然。」爸爸一臉驕傲，很開心能被兒子欣賞。

能與孩子一同欣賞著新世代的偶像明星，我的內心覺得幸福，相信他也能驕傲著自己有能跟上潮流的爸媽。

澤爸的貼心小叮嚀

1. 青少年會想要追逐偶像是正常的發展，爸媽不用覺得是在浪費時間。
2. 追逐偶像會成為孩子的動機，進而發展出許多技能。
3. 我們多試著了解孩子喜歡的偶像，還能增加聊天的話題喔。

孩子在學校也是很辛苦的

學校如同小型的社會一般，每個人都身在其中，思考著要如何生存。

我的個性比較被動，不太會主動交友，所以從小到大，我的好朋友不多。高中時，相當羨慕那種活潑、人緣好又很受關注的同學，曾經也強迫自己模仿他的舉動，期望能像他一樣，可是，那種不自然的尷尬感，反倒令人覺得我很奇怪。這種挫敗與無法融入，讓在學校的我感覺好辛苦喔。

學校交友的困境

兒子在高一、女兒在小學六年級的上學期結束後，我就帶他們去美國讀書了，在之前都是待在台灣的。

女兒同我一樣，交友的方式是被動的，升上小學後，很幸運地，每次在升上不同階段的年級時，換到了新的班級裡，皆有熟識的朋友能拉著她去接觸其他同學。雖然在剛開學的幾天下課，她可能是獨自一人，不過過了不久，交友圈漸漸擴散之後，好朋友也越來越多，下課時，還會有不同的同學來找，所以人緣是好的。只是，我們全家決定去美國讀書之後，女兒被動交友的性格，使得狀況被明顯放大了。

在美國，我家孩子所在的學校是採跑堂的上課方式，如同台灣的大學一般，不是固定在一間教室，而是每一堂課的教室都不一樣，而且同學也是跟著一起變動的。在這樣的形式下，個性被動的女兒很難認識人。午餐時間，是全校的人統一到某個地方聚集，偶爾會有一位朋友與女兒一同吃飯，更多的時候，只有她自己一個人。

所以，剛來美國的初期，女兒回到家後，經常都不說話，悶著頭一直看小說與漫畫。我們嘗試關心，有時她也不想有任何互動，只想一個人靜靜待著。

有次，女兒向我說了她爲何會這樣的原因，「爸，我在學校光是要聽懂老師上課在講什麼，還要努力去嘗試社交，對我而言，已經耗盡我所有的精力了。所以，回到家，就讓我好好的看書，這是我補充能量的方法。」

所以，千萬不要再說「在學校只有念書而已，有什麼好累的」，其實眞的挺辛苦的啊。我也很欣慰，家裡是能讓孩子安心充電的場所。

對於同儕認同的渴望

兒子和女兒的個性完全不同，如何交朋友是女兒的難關，而對於兒子而言，可謂易如反掌。性格活潑又開朗的他，剛到美國高中的第一天就交到了幾個朋友，中午還能找到一群人一起吃飯。只是，過度重視朋友，反倒成爲了他的人生關卡。

當時在台灣升上國中八年級的他，由於渴望朋友，所以很在乎同學是如何看他、如何想他的。

兒子發現，只要在學校說出關鍵字「我爸……我媽……」，總是會被同學嘲笑是「媽寶」。比方說，大家在聊班上的事情，兒子：「對啊，我爸說……」同學驚訝：「你幹嘛跟你爸講啊？」討論假日要去哪裡，兒子：「我回去問我爸媽。」同學笑他：「這還要問爸媽喔！」閒聊假日在幹嘛時，兒子：「我要跟我爸媽一起……」同學不解：「跟爸媽在一起不會很煩嗎？」

兒子才發現，原來很多同學在國中時，已經不太跟自己的爸媽分享學校的事了，有交集的話題少之又少。不管是平日或假日，親子互動的時間簡直屈指可數，這也導致兒子認知到他與我們的好關係，在班上可以說是少數。

兒子爲此感到困惑，跟爸媽好是不對的嗎？是異類嗎？爲何會被取笑是「媽寶」呢？於是爲了想要融入同儕，不喜歡成爲團體中特殊的存在。甚至還有一次，兒子特地跟我說：「爸，有一件事我要跟你說，就是我會在同學面前講你們不好的話喔。」因爲他不想跟同學不一樣，於是在跟同學的聊天中，自動刪減與爸媽有親暱的互動話題，還刻意加入一些能一起抱怨爸媽的內容，顯得他沒有跟大家不一樣。可是，他又覺得在背地裡講爸媽壞話似乎不太好，所以提前來告知我們，實在是很可愛。

我只有跟他說：「爸媽跟你的關係好，是我們家的事，如果你不想跟同學們提到，當然沒有問題，我們自己知道就可以了。」接著說：「如果你想跟同學抱怨我跟媽媽，只要是眞實的事情，爸爸也是沒有意見的喔，你就抱怨吧，不要爲了刻意融入而編了假話就好。」

可是這樣的情況，並沒有因爲兒子在同學面前抱怨我們而有改善，反而越來越嚴峻，這也才有了先前所提到，兒子在國八那年，我去接他放學時，需要留意他的心情是好是糟，心情陰晴不定，還要求我不要把摩托車停在校門口顯眼處的事情了。

在那段時間裡，兒子放學回家，時常悶不吭聲；問他怎麼了，總說沒事；連問他學校的事，都開始支支吾吾。而且情緒變得浮躁，容易說出很嗆的話。當然，極度不願意讓同學看到他與我們走在一起，連直接與同學碰到面，也希望我們打招呼就好，不要講到話，如果我們跟他同學講話，他還會生氣喔。

用愛的溫度陪伴孩子度過

在我們明白他的情緒來源是在與同學互動時，涉及親子互動（不想被笑是媽寶），於是我找了機會跟他說：「兒子，謝謝你跟我說這些，我明白了。雖然爸爸可以跟你說，不要理他們。但是，身處於那個環境裡的人是你。當你聽到了這些取笑的言語時，想必心裡一定是不好受的。而且我聽到你是心疼我們被議論，爸爸是很感動的。那麼，你認爲我跟媽媽可以怎麼做呢？」我特意詢問兒子有沒有我們能配合與調整的地方。

比方，我騎摩托車來接兒子放學，即使正門口有位置，還是把車停在離校門有一小段距離的地方；等兒子與同學走出校門後，我先不靠近，而是站在遠處等他們講完話、分開之後，才上前找兒子。

於是，兒子呈現出了兩種模樣。只與我們在一起時，會勾肩搭背、打鬧嬉戲、談天說地、分享大笑。我騎車載他時，兒子也會把下巴靠在我的肩上聊天，我們的親密度依然是存在的。如果有同學在時，他便往同儕靠攏了一些，與我們保持距離。

我能明白，這就是成長的模樣。**孩子，當你想要空間時，我願意選擇後退，在遠方靜靜地看著你就好。因為，這是我愛你的方式。**

這個狀況，大概在兒子國八下學期有了好轉。我們感覺到他似乎沒有那麼在意了，在同學面前，也願意呈現出與爸媽關係是很好的了。我爲何會知道呢？有次接兒子放學，他同樣跟一群同學走出校門，這次是兒子帶著大家一同靠近我，還在我跟前與同學說掰掰，他的同學也向我打了招呼，令我實在有些意外。

我後來問兒子這個轉變。兒子說，先前刻意地保持距離，有些不自在，也覺得對我們很抱歉。後來也發現同學對於他跟我們的關係很好，其實是羨慕的。於是就看開了，不想管同學怎麼嘲笑了，他只想做自己。兒子還笑著說，隨便他們怎麼說吧，我就是跟爸媽關係好，怎麼樣！

兒子還說：「爸媽，你們知道嗎？當時，你們願意爲了我而調整時，眞的好感動喔。」

我與老婆聽了，相視一笑，只感嘆孩子在學校的處境實在是不容易啊。不過，也很慶幸呢，在那段關係緊張的歲月，我們是用有愛的溫度來等待他。

孩子相信自己，我也選擇相信他

回到前面所說，剛到美國讀書時，我們聽到女兒說她午休只有一個人時，都會替她擔心。

「女兒，今天吃午餐時，A有跟妳在一起嗎？」A是她少數的朋友。

「沒有啊。」女兒說。

「所以，今天中午只有妳一個人啊？」我問。

「對啊。」

「妳只有一個人吃飯，會感到孤單或寂寞嗎？」

「不會啊！」

「那麼，妳在做什麼呢？」

「我用Chromebook看小說。」Chromebook是學校發給每個孩子上課使用的筆電。

「妳會在意妳只有一個人嗎？」

「不會啊！爲什麼要在意？」

「畢竟，多少會希望吃飯時能找人說說話，或是不要顯得沒有朋友之類的。」

「喔，我是覺得自己一個人還挺自在的，不用刻意找話題、也不用配合他人。上課已經很累了，吃飯時可以做自己喜歡的事，挺放鬆的。」

「妳沒有在意的話，爸爸就放心了。」我拍了拍她。

關於在學校交友，如果她都不在意，我也沒必要那麼在意了。女兒說，她只是比較慢熱，並不是無法相處，所以，她覺得自己會越來越勇敢，也會越來越好的。

既然，女兒都如此相信自己，我也選擇相信她。

澤爸的貼心小叮嚀

1. 孩子在學校也是很辛苦的，不要說「只是讀書而已，有什麼好累的」這類的話。
2. 每個孩子在學校所遇到的困境都不盡相同，請試著去理解他怎麼了。
3. 不需要爸媽介入的事，請試著討論、陪著他度過就好，這是成長的必經過程。

正向解讀孩子的行爲

在兒子國中八年級的某一天，因爲他的一句話，讓我的心情盪到了谷底。

起因是，由於段考將近，前一天晚上兒子光是寫功課跟複習隔天的考試，可能是他不想做吧，導致最後弄到超過凌晨十二點。我擔心他的睡眠與健康，希望能幫助他在讀書時能更有效率，於是在隔天，兒子放學回到家，吃完飯後，我立刻請他把聯絡簿拿來給我看，然後一項一項地帶著他來評估，每項功課大概需要多少時間，以及請他規畫一下，制定時間計畫表，希望兒子能早一點睡覺，不用弄到凌晨。

我在教他如何制定計畫的過程中，兒子的回應只有「好、好、知道。」而且，表情越來越垮，彷彿內在快要爆炸的模樣。

我當然注意到了，好好的問：「你怎麼了？是不喜歡爸爸帶你做這些事嗎？」兒子先頓了一下，接著用相當不滿的語氣說了這句話：「讀書是我的事，到底關你什麼事啊？」

我聽到的當下，可以說是非常的震驚，因為從沒想過，兒子居然會對我說出這句話。除了驚訝之外，心中的怒氣也瞬間湧了上來，可是，我並沒有吼他或罵他，而是對兒子說：「是，念書的確是你的事，可能爸爸這樣子做，讓你很不高興。好，我們先不說了，等一下再講吧。」說完，我就離開去做自己的事情，先彼此暫停。

在冷靜時，我嘗試與自我對話。

「兒子會說這句話，肯定是心裡有想要表達的想法，所以，他想要向我表達什麼呢？」我問自己。

「他在捍衛自己的事情。」我回。

「他想捍衛什麼事呢？」再問自己。

「捍衛關於讀書的事。」

「是什麼原因他要捍衛呢？」

「兒子可能是認爲我干涉太多了。」

「但是，我並沒有管到很細，只是帶著他規畫而已，這些平時都有在做的事情，怎麼這次的反彈特別大呢？」我細問自己。

「啊，應該是因爲兒子覺得我不信任他會做好，所以反彈才會這麼大。」我突然驚覺到兒子可能會如此不高興的原因了。

接著，再次問問自己，

我允許孩子長大嗎？

我允許孩子因爲長大而不想要被我們管嗎？

我允許孩子因爲不想被管而對我生氣嗎？

我允許孩子的生氣是在捍衛自己的立場嗎？

我允許孩子向我表達他的想法嗎？

仔細一想之後，這些都是允許的，畢竟成長是何其美好的事啊。只是，我介意的只有一個，就是他對我表達的方式。

嘗試正向解讀

我鼓勵你們，當青春期孩子的有些語氣與舉動，讓我們感到不高興時，可以試著想一想**「孩子的行為是在向我們表達什麼呢？」**然後，試著去正向解讀。所謂的正向解讀，也是上一個篇章所提到的，孩子的心中渴望從爸媽身上獲得被愛的體驗，無論是**被愛**、**接納**、**意義**、**價值**、**自由**、**安全感**、**信任感**等皆有可能，答案或許就在其中。兒子的這句話「讀書是我的事，到底關你什麼事啊？」，**希望能獲得我對他的「信任」與「自由（放手）」**。

當對兒子的行爲做正向的解讀後，我的情緒也很快的平穩。接著，等兒子的情緒也穩定後，一同來對話。

「兒子，我能感覺到你剛剛很氣爸爸，是不是？你可以跟我說你在生氣什麼嗎？」我先開口詢問。

「我知道昨天弄太晚了，所以今天在學校的時候，我有趁空檔時先寫功課，這些你都不知道，我才剛吃完飯，你就要我一起來訂計畫，讓我覺得很不被你信任。」兒子很明確向我說明原因，果然，如同我想的那樣。

「兒子，謝謝你願意跟我說這些，的確是爸爸沒有注意到，也因爲你講了，我才明白是我太著急了。爸爸會想拉著你安排念書的時間，是因爲前一天看你弄得這麼晚，有些心疼、也有些擔心，希望你能早一點睡，這是爸爸的心意，只是沒想到卻讓你認爲我是不信任你的。」

「爸爸之後會注意的。既然你已經有察覺了，甚至還很棒的，在學校先寫點功課，那～爸爸就相信你，由你自己來安排之後念書與寫功課的時間。以後，如果我有想要提醒你的地方，會先詢問你是否需要我的協助，而不是直接帶著你做，好嗎？」我繼續說。

兒子同意後，我也試著跟他講了我所介意的點。「如果往後有了不被我信任的感覺，可以好好地跟我講，比方『爸，我知道你擔心，我在學校已經寫了一些了，今天應該可以在10點半弄完，不會像昨天一樣這麼晚的。』只要你這樣子說，我一定不會再管你的。」我說完，再停頓了一下說：「你覺得這樣跟爸爸說，可以嗎？」

「嗯，可以，我會試試看。」兒子回。

「兒子，謝謝你願意與我談。」我說。

就在這一晚，我瞬間明白，孩子需要我放手。同時，也是個自我磨練內在修為的歷程啊。

另外，我也相當地欣賞自己，在青少年口氣不佳的情況下，依然能穩住情緒平和的說話，實在是不容易啊。

孩子知道髒話不好聽，卻還是要說

上述講的是，孩子的行爲反映了對爸媽的需求，我們也能多觀察一下，除了對爸媽之外，有沒有其他的內在需求。

我從以前就教導孩子不要說髒話，因爲，我認爲「說出什麼話，代表著你是一個怎樣的人」。任何不好的詞彙皆能用其他更好的話來替換。同樣的，我也能做到以身作則，連在生氣時也都不會說出任何髒話。

大概在兒子小學高年級的時候，不小心被我們聽到兒子說了「靠」。一開始，我們也覺得還好，先了解他是從哪裡聽來的？知道是什麼意思嗎？提醒之後不要再說，以及能怎麼說會更好。可是沒過多久，「操」「馬的」等這些髒話，也從兒子的口中不經意地脫口而出，而且這個頻率高到讓我有了好奇：「明明他知道這些話是不好的，爲什麼他還是要說呢？」

與兒子聊了一下後，原來，他在明知道髒話不好聽的情況下，卻依然要說，背後的原因與前一篇文所談的目的一樣，爲了想融入同儕。當許多同學把不好聽的話當成了發語詞、吸引注意、單純好玩、覺得很酷等原因，兒子不想被視爲特殊的存在，也能感受到在同學面前講了髒話後，有種被視爲一夥的感覺，所以才會如此，眞的很有青春期的趨勢。

阿德勒心理學表示「每個人的行爲都有其目的性」，這個目的通常是在追求內在的四種需求：歸屬感、價值感、認同感與幸福感。兒子講髒話的行爲，看來是爲了追求「與同學間有緊密的歸屬感」與「渴望能被同儕認同」。

我是跟他說：「你知道髒話不好聽，內心也不太想講，可是，在學校時還是講了，原因是希望能與同學成爲一夥的感覺，是嗎？」兒子點頭。

「既然你是明白的就好，爸爸能理解你想要與同學的關係更好，沒有要責怪你的意思，我在當學生時也有這一段歷程，是正常的。」

「剛剛有講到，你其實並沒有想要在家裡講的，只是最近在學校講得有些頻繁，變得習慣了，才會在家裡也沒有意識到，所以，習慣有沒有很厲害？」

「爸爸想請你幫個忙，髒話也有分等級的，我們不要爲了迎合他人而改變自己太多、違背了自己眞正的想法，如果你在學校想講的話，選幾個輕微一些的。然後，在家裡盡量不要說，畢竟妹妹還小，好嗎？」

之後，兒子到了國中，他說在學校偶爾會講「白癡喔」「靠」這兩個，其他的已經沒有再說了，而且，國中的他覺得這個行爲很幼稚。然後，他也說了，當時覺得自己好像做了一件很不好的事，被我們發現後，罪惡感很重。聽完我說的話後，有種被爸爸理解的感覺，才能回頭想想自己的行爲是否妥當。

所以，**當青春期的孩子在明明知道有些事情是不好的，卻依然還是要做，我們固然會生氣，可是，更應該要去正向解讀他的行為**，探索一下，他是在追求內在的哪種需求呢？或許我們能找到原因喔。

推測孩子的需求

有次，被邀請成爲黃瑽寧醫師與夏嘉璐主播所主持Podcast《寧夏璐66號茶坊》的來賓①，在回應聽友的提問時，黃瑽寧醫師分享了一個方法，能推測孩子行爲背後的動機與內心的需求。

這個方法就是，當孩子的行爲引發了我們的情緒，我們可以先靜下來感受一下，自己心中的情緒是什麼，藉此來推測。

首先，當孩子說了或做了什麼，我們因此產生了生氣或憤怒的情緒，這就表示孩子是想要爭取某件事的話語權或主導權。當我們了解到孩子的目的是爲了爭取權力，就可以進而想一想，這件事我們是否可以全然放手、部分開放或是找他來討論呢？

再來，當孩子的行爲讓我們的內心產生了煩躁的情緒，這就表示孩子想要獲得我們的關注、討爸媽的注意力。知道此動機了之後，就能想一想，目前手邊的事情是否能暫停，來專心聽孩子說話？或者，能與孩子說明我正在做什麼，以及多久後就可以來陪你了。

最後，當孩子的話與行爲，讓我們的內心產生了難過或傷心的情緒，這就表示孩子想要報復大人。爲什麼會想要報復呢？或許是因爲我們曾經傷過他的心，才會用相同的方法反刺回來。明白之後，就能想一想，我們是否有傷過孩子的心呢？有的話，就去面對與和解吧。不記得的話，也可以向他詢問，「我最近有做了什麼事或說了什麼話，讓你很難過嗎？」

我們用青少年的話，一起來練習推測一下這句話背後的動機與需求是什麼：

「隨便啦，跟你講也沒有用。」

「說了你也不懂，我才不想浪費我的時間咧！」

「你規定我不能用手機，那你也不能用啊。」
「反正你講了我也不會去做啦。」
「你到底有沒有在聽我講話啊？」
「你說我煩，你才煩咧，一直在那邊碎碎唸。」
「你什麼時候才會工作完？你自己答應過我的，說話不算話，騙人。」
「你咧？你自己講的，不是也沒有做到嗎？憑什麼要求我？」
「所以，你是講完了嗎？我可以離開了嗎？」
如何？我們聽了孩子的這些話，內在湧出的是什麼情緒呢？有從內在的情緒，聯想到孩子的需求了嗎？讓我們成為更了解青少年孩子的爸媽吧。

正向解讀爸爸的話

帶孩子到美國讀書後，工作的緣故，我時常在兩地飛來飛去，不過，無論是距離還是時差，還是會每天與老婆視訊。

有天視訊時，女兒看到老婆手機的螢幕，也有我的鏡頭在上面，她說：

「媽，妳跟爸爸兩個人放在一起看，妳好年輕喔。」

「女兒，妳知道嘛！一個女人啊，她越常感到快樂、越被疼愛、越是幸福，外表就會越年輕喔。」我說。

「爸，你繞一個圈，在稱讚自己喔。」女兒很快地接著我的話。

「哎呀～女兒，被妳聽出來啦。」

沒錯，有時爸爸的話，也是要正向解讀的啊。

澤爸的貼心小叮嚀

1. 允許孩子的成長，請試著正向解讀孩子的行為。
2. 透過對話，了解孩子心中所渴望的需求是什麼。
3. 試著滿足孩子的需求，讓他能擁有被愛的體驗。

當孩子說「我可以不要上學嗎？」

邀請你們來想一想，孩子是從幾歲就開始上學的呢？一般孩子從幼稚園中班就入學，也就是說，我們的孩子在4歲就開始進入學校，除了假日之外，近十多年來幾乎日復一日重複著上學、放學。

演講時，曾有幾位家長問道：「孩子說，我不想上學、我可以不要上學嗎？該怎麼辦？」倘若是分離焦慮或偶爾的倦怠，倒也還好，可是如果有到了「拒學」的程度，就必須留意了。我聽過最多拒學的是國高中的學生，往下也有小學高年級時，就已經出現跡象了，比方：頻繁地沒來由的說有病痛想請假、在學校常找理由跑保健室等。

聽到孩子這樣講，很多大人可能會回，「不上學，你只是在裝病吧！」「你是學生，哪有不去學校的！」「等你上班了之後，就可以知道當學生有多幸福囉。」「沒有，就是給我出門去上學。」「你這樣不去學校，以後怎麼跟人家競爭？」這些回應或強迫只能帶來短暫的祥和，根本的原因若是沒有找到，後續再次發生的可能性還是有的。

我們應該要想的是**「發生了什麼事，讓一個人對於重複十年的事情，產生了抗拒呢？」**

「拒學」是孩子在向我們求救的訊號，當有家長向我請益孩子拒學的情況，我第一時間都是建議帶孩子去找諮商專業尋求協助，探索拒學背後複雜的根本原因。

試著站在孩子身旁，了解他怎麼了

《親子天下》於二〇二四年有個專題研究報導「青少年的拒學之籠」，指出台灣高中職休退學比例，十年來成長了80％。特別是過去三年的疫情，改變了許多生活型態，幾次的三級警戒，讓大家必須待在家裡時，孩子也首次接觸到了「線上上課」

的方式。這樣的上學方式，對許多的孩子而言，可謂是「壓力解除」的神奇藥丹。

前一篇提到，孩子在學校也是很辛苦的，最常遇到的壓力不外乎有三個：同儕的人際互動、師生的關係緊繃，以及學業上的競賽。學業又能再細分：讀書學習、成績排名、回家功課、額外補習、缺乏動力、未來迷惘等。除此之外，假使這些壓力再加上孩子自身不穩定的內在狀態，比方自我要求過高的完美主義、低價值感的自卑心、長期努力卻沒有成果的挫敗感，只會更壓得他喘不過氣來。

這種種沉重的壓力放在「線上上課」的環境裡，就瞬間消失了，不用面對老師、不用社交，也不用考試與補習。於是當疫情減緩，要回歸常態時，拒學、不想回到校園的學生數量也似乎增加了不少。

因爲，對於孩子而言，心裡的壓力已經成爲他們難以承擔的痛苦了，而**拒學，也等於是選擇了「逃避」的方式，達到心理自我防衛的一種機制。**

肯定會有人說，「怎麼可能有人是沒有壓力的」「爸媽工作的壓力更大」「壓力反而能讓人成長」等積極或鼓勵的言論。可是，每個人心中的苦，只有本人知道，也只有他自己能夠定義。如同我的兒子和女兒，兩人的個性不同，陌生交友對兒子來說是簡單的，對女兒而言卻是異常困難，同一件事的壓力指數，對不同人而言，絕對是有著天壤之別的差異。

所以，**請不要隨意定義「上學」所帶給孩子的壓力**。

倘若遇到孩子有了拒學的徵兆，比方連續數天說「我不想上學」、上學的前一天晚上或早上出門時情緒異常暴躁，放假時卻不會如此、找一堆理由或藉口來不斷地延遲出門、同樣在上學前一天晚上或早上出門前身體會沒來由的不舒服，請假後彷彿就沒事了。而且這些徵兆持續好幾天，並出現積極的抗拒行為。

我們肯定很擔心，會想說「孩子到底發生了什麼事？」老實說，有時連孩子都不一定知道自己到底怎麼了，此刻爸媽的過度擔心與焦慮，只會施加更多的壓力。我們能先做的，是讓孩子感受到**「我願意站在你身旁，試著了解你怎麼了。」**然後，有必要時，請帶著孩子找尋相關諮商專業的協助。

於是，我們不是立刻逼著孩子出門，一定要先釋出關心，問問他：「你還好嗎？」「你怎麼了？」接著可以再細問，「你在學校有發生不開心的事嗎？」如果平時都有在聊天，知道孩子的情況，也能試著有目標的詢問，「你最近有些不想去學校，是跟上次你提過的同學有關嗎？還是老師有對你說了什麼嗎？」最後，也能再問一下「有什麼需要我幫忙的地方嗎？」

家長的關心與支持，讓孩子感受到溫暖

有位小五的男生，早上準備出門時，跟媽媽說：「媽，我不想上學。」媽媽關心問道：「你還好嗎？」孩子說：「我好累喔。」媽媽問：「有哪裡不舒服嗎？」孩子說：「就好累喔。」媽媽再問道：「昨天有很晚睡嗎？」孩子說：「不知道，就是好累。」

媽媽向我詢問孩子的狀況，我問了細節，發現只有在星期四會發生，我產生了很多好奇，也分享給這位媽媽幾個問話技巧，請她試著與孩子對話一下。後來媽媽傳私訊給我，直說太神奇了，居然找到孩子不想上學的原因了。

原來，每個星期四都有資訊課，老師在資訊課上教的內容，她的孩子聽了不太會。問了同學，依然不懂，每次都是最後一個才完成，讓全班等他，還有同學會嘲笑

他，讓他感覺很挫折，覺得自己很沒用，於是有了不想去上課的念頭。

知道原因後，爸爸趁著放假幫孩子惡補，甚至超前進度，於是再也沒有聽到孩子說出「不想上學」這句話了。

這個孩子從選擇逃避到願意面對，全是因爲媽媽的關心與爸爸的支持，相信孩子也能感受到溫暖。

探索孩子拒學的成因

有位國七的男生，在下學期時有了拒學的行爲，在學校輔導老師的介入下，發現與功課有關。他經常不帶聯絡簿回家，沒有寫功課，都跟爸媽說作業在學校寫完了，老師卻向家長反映，孩子的功課時常缺繳或寫得不完整。未完成的功課累積得越來越多，在兩邊的施壓之下，孩子不想去學校了。

我到這所學校演講，這位男孩的媽媽特地前來問我，我大致了解了一下，原來這樣的情況從小學五年級就開始了，只是到了國中日益嚴重。後來與這位媽媽的模擬對話後（邀請媽媽扮演成孩子，而我則是扮演成家長的角色），大致猜到了雛形。

家長對孩子的期待甚高，從小學開始，上學之餘還要去安親班，到了國中換成了補習班。除了學校的功課之外，還要應付額外的衆多作業，而且只要是沒有寫好，就會被媽媽責備，假使沒有寫完，便要求寫完爲止，到晚上十一、十二點都曾有過，任何休閒娛樂都不能碰。於是，讓他覺得寫作業是件很煩、很討厭的事，「如果能不寫有多好」的想法也油然而生。

有次孩子忘記帶功課回家，媽媽詢問時，害怕之下謊稱已經在學校寫完了，在無法查證的情況下，意外得到了放鬆的一天，於是變得食髓知味。然後，在謊言快要被拆穿的情況下，就不想去學校了。

在對話的結果下，這孩子之所以拒學，因素是「家長的高度期待」與「無法負荷的課業」，當然，這只是模擬之下的揣測，需要這位媽媽回去與孩子核對。同時，我也請媽媽試著放下對孩子的標準，好好討論一下往後的補習量與課業的完成度，找尋學業與生活的平衡，以及回歸純粹的親子相處。

「拒學」是果，不是因，是由衆多因素包括家庭、學校、社交、課業學習、社會價值觀與個人心理等各個層面所加總起來的表徵。如同浮在水平面之上的冰山，我們應該要探討的是水平面下的冰山，也就是成因是什麼。

請相信，孩子自己也不想要這樣的，他絕對有一顆想要變好的心，畢竟，沒有人會想要把自己給隔絕起來、沒有人會毫無理由的不去學校，我們能做的，就是花更多的耐心與時間去試著了解他，多陪伴孩子來撫平他心中曾經受過的傷。

家庭因素也可能造成拒學

有位女生升上國八後，突然不想念書了，只想跟同學出去，不喜歡待在家，導致功課一落千丈。她就讀的學校相當重視課業，她的成績滑落，當然也遭受到許多指責，最後甚至拒學在家。爸媽無論是講道理或罵她都沒用，只能先暫時替她請假。後來有心理師介入，得知了一些原因。由於這孩子的媽媽是我的朋友，與我談過，經同意後，稍微調整做些分享。

這女孩的爸媽很在意她成績的好壞，可是往往只看結果，認爲努力再多卻沒有得到好成績的話，一切皆是無用的。只要分數不佳，換來的就是一頓數落與批評，然後再找家教或補習來加強。另外，媽媽是家管，孩子的事都落在媽媽的肩上，由於爸爸時常出差，一回來只問成績的好壞，認爲讀書是孩子的本分，假使成績的表現不佳，也會連帶剝奪許多娛樂，比方3C的使用、課餘休閒等。如果孩子頂嘴，便會責怪老婆，覺得是媽媽沒有把孩子教好，於是，夫妻倆時常發生爭吵。

心理師說，爸媽的教養方式，讓孩子的內心有著很大的不安全感，把「成績的高低」與「自己是否是爸媽心中的好孩子」劃上了等號，於是只要成績掉了下來，心中便會湧出很深的自責，覺得自己很糟。

升上國八後，學習難度增加，成績不見起色，覺得自己已經努力啦，怎麼還會這樣，挫敗感很大。再加上長時間補習，身心皆很疲累的情況下，讀書壓力增加，自我價值卻越來越低落。同時，爸媽的一次大吵，成了壓垮駱駝的最後一根稻草。

女兒認爲，爸媽吵架都是她害的，是因爲她的成績不佳，才會讓整個家不得安寧。於是，自責再加上內疚，只要爸媽吵一次，她就會躲在房間摀著耳朵哭一次。索性不要待在家裡更好，眼不見爲淨，至少跟同學在一起時比較開心，因爲不會自責。

拒學，能讓她遠離學習帶來的壓力，雖然爸爸依然在指責媽媽，覺得孩子不去上學都是媽媽的錯，可是沒有了分數與排名，至少不會認爲自己是糟糕的。

造成這座拒學冰山的成因，也有可能是跟家庭有關，包含了夫妻關係與親子互動。所以，**夫妻的和睦、爸媽所提供的安全感與緊密度，建構起孩子的內在力量，也會影響他們在學校的行為喔。**（如何提供給孩子深厚的安全感，歡迎參考我的著作《對話中讓孩子感受愛》P.147）

家長也要照顧好自己

沒有一位家長會希望家中的孩子不去學校。

從一開始聽到孩子說「我不想上學」時的焦慮與擔心，再看到孩子抗拒的心越來越強烈，我們也會感到十分迷惘與無助。慢慢的穩定下來，也比較願意接受了，努力搜尋資訊，認眞地找資源與方法，一路堅定地陪著孩子。而且，還要面對孩子可能會進步，也有可能在原地踏步的不確定感。

這條路是看不到盡頭的，也時常會產生自我懷疑，所以，倘若聽到旁人說「怎麼可以讓孩子選擇不上學呢？你就不應該讓他選擇。」「一定是媽媽太好說話了，你被孩子吃得死死的。」「你這樣會把他給寵壞的啦。」這些話時，內心的無力感肯定會非常重，想替自己與孩子辯解，對方感覺也不是很想聽的樣子，會覺得自己與孩子所做的一切努力都被抹煞掉了。

而且，當孩子躲了起來，等於是我們要替代他，抵擋外界的一切。要去學校請假、要幫他解釋與說明，還要承受這些不理解的言語。我相信，家長也是很不好受的。

如果伴侶和我們的想法是一致的，倒也還好，因爲無論外界怎麼看我們，至少是兩個人一起面對、全家團結在一起，一同跨過這座高牆與難關。

可是，假使伴侶是不理解的，還會說些冷言冷語，相信只會覺得孤單與難過，因爲彷彿這場仗，只有自己一個人的感覺，實在是很無力。（關於這部分，還是要回到夫妻溝通了）

於是，內心是如此的混亂，這段日子裡，我們除了把心思用放在孩子身上之外，有沒有照顧好自己呢？有沒有趁著空檔，把時間與心力留給自己呢？

孩子的事，當然很重要，可是我們的生活，不是只有孩子。雖然孩子現在遇到了這樣的難關，我們固然要花比較多的時間陪著他一起面對，但還是要留一些時間給自己。有空閒時，去做些自己喜歡的事情，去運動、從事自己的喜愛的興趣，以及找朋友出去。暫時忘掉媽媽的身分，享受當下的快樂與喜悅就好。

同時，請務必謝謝一路以來這麼努力的自己、欣賞這麼棒的自己。

我們可以對著自己說：「（呼喊自己的名字），你好棒，這段時間辛苦了，看到孩子的進步，這些辛苦都是值得的。」

「雖然孩子還是不肯去學校，可是，他願意向我述說心中的痛苦，這都是好的開始。」

「（呼喊自己的名字），你在很多人不理解的情況下，能夠堅持到現在，你超厲害的，你是怎麼辦到的啊？好佩服你喔。」

對於旁人的不理解與不支持，至少我們要鼓勵自己、支持自己，不是嗎？

孩子有往前走了，我們鼓勵他；他停了下來，我們願意等他；孩子後退了，我們願意接納他。這條路，很困難、很辛苦，也很煎熬，相信我們的孩子將來會明白我們的用心、體會到我們對他無條件且無私的愛與付出，然後，在他的內心長出力量。

當孩子說好想放假

「爸，我今天可以請假嗎？」「為什麼不每天放假就好了呢？」「為什麼要規定把孩子送到學校呢？」「唉～今天是星期一，還有五天才能放假。」

我們剛搬來美國時，安頓好一切開始上學了，兒子和女兒不時會重複說著上述的話。即便美國的考試壓力還好，可是適應、文化、語言與人際的壓力還是存在，所以他們每天最期待的就是放假了。聽他們的抱怨，彷彿看到我之前在公司上班的景象啊。

當兒子和女兒抱怨著不想上學時，我只有回應「對啊，很累喔。」「沒錯，如果我是你們，我也會不想去學校的。」「你們眞的很厲害耶，又撐過一天了。」「還有三天就放假了，加油，你們好棒。」然後再給一個大擁抱，就準備去開車了，他們也很認分地坐上車子出門上學。

如果孩子說他不想去學校，可是心裡明白是該去學校的，我們也不用多說什麼道理了，只要回應與擁抱就好。讓他感受到雖然在學校是辛苦的、是疲累的，溫暖的家永遠敞開大門等著你回來喔。

♥ 澤爸的貼心小叮嚀

1. 倘若孩子出現拒學的行為，請不要隨意貼標籤，而是試著探索拒學的成因。
2. 處理孩子事務的同時，也請照顧好自己。
3. 看到可能的成因，撫平孩子心中受過的傷，再慢慢地拉著他的手踏出去。

社群媒體讓孩子的壓力更大嗎？

「他們看起來感覺都好快樂喔，怎麼可以這麼好？真羨慕。」兒子滑著IG，看著同學們的限動，講了這句話。

FB、IG、PTT、TikTok、Threads、Dcard、Line等，甚至連手遊也有加好友與聊天的功能，網路社群已經離不開我們的日常了，也讓生活型態發生巨大的變革。我們能藉由社群媒體追蹤好友現況、明星動態、流行時事、重大新聞、八卦話題，當然，也能因此有管道來發聲、表達看法、重視議題、展現自我與獲取關注，以及集結眾人的聲量來行正義之事。有人說，在這樣的年代，每個人都有爆紅與被大家看見的可能性。

只是，碩大的流量、各方來的資訊，以及與朋友線上線下的關係，絕對是雙面刃，畢竟，水能載舟亦能覆舟。連在心智上相對成熟的大人，都會滑著社群羨慕他人、在螢幕後面當鍵盤俠酸個幾句、看見標題就開罵，何況是未成年的孩子呢！

社群媒體對孩子的影響

現在孩子拿到3C的時間逐年提早，最早可能在小學中年級時，就有社群帳號了，有些是虛報年齡（社群媒體基本都有年齡限制），也有些還是爸媽主動替孩子註冊的。這些舉動多半是認爲「應該還好吧！」「又有什麼關係」「玩一玩不會怎麼樣啦，我們不是也在用嗎」，卻忽略了對孩子心理層面的影響。

1. 社群上拿捏網路自由的尺度

在群組裡隨意批評老師或家長、拉同學另組班群唯獨孤立特定的人、在限動上指桑罵槐地暗諷他人、轉發不適當的圖片或影片、合成同學的照片讓全班嘲笑、一起留言批評他人等，上述行爲皆是我到各級學校演講時所得知的。

背後的原因，可能是帶著私人恩怨，也有的是單純覺得好玩。先不談動機爲何，很多孩子根本不曉得這些舉動是不對的，還會覺得「還好吧，大家都這樣」。

假使我們的孩子，是那個被批評的、被孤立的、被嘲笑的那一個，試問做何感想呢？

我們需要幫助孩子建立價値觀與釐清網路尺度的界線，簡單的說就是**「在現實生活中不能做的事情，網路上同樣是不能做」**。

想要推薦《只是開玩笑，竟然變被告？》套書給你們，總共有兩本，作者是少年調查保護官吉靜如，內容是以眞實的故事來提醒在實體與網路的世界裡，以爲「沒什麼」的言行，可能都是犯法的。鼓勵親子一起讀，最好是在給孩子手機或申請社群帳號前，就讓孩子看一下，彼此討論，增加與他人相處的界線認知。

2. 同儕的交際壓力延伸到家裡

過去在沒有社群網路的年代，與同學有了糾紛，離開了學校，等於是暫時遠離了戰場。回到家後，較能抽離白天的是非，心情能稍微沉澱，也比較能冷靜地思考與自省。隔天到了班上，在雙方情緒都降下來的情況下，即使見到了面，可能還是有些尷尬，但和好的機率是高的。

然而，倘若發生在社群網路蓬勃發展的現在，與同學有了糾紛，離開學校回到家了，一點開ＩＧ，發現那位與自己吵架的同學，發了一篇限動在罵我，原本稍微緩和的情緒，又瞬間衝到高點，一整個晚上情緒難平，說不定還會思考著要怎麼回罵他，在限動上該怎麼回嗆他。而且，因爲在火氣上，罵的話可能會更加難聽。

假使罵人的話語，不是發限動，而是一篇圖文，此時，又看到按這篇文讚的人，包含了自己的好朋友，就會更加心思混亂，一大堆小劇場在腦中浮現，「爲什麼○○要按讚？他不是我的好朋友嗎？」「所以，我的好友是認同那個人的？那我明天還要理他嗎？」「他們會不會此時已經拉了群組來笑我？」「算了，反正我本來就不喜歡跟他友好，明天下課找別人好了。」於是整晚心神不寧，還失眠。隔天到了學校，戰火更加嚴峻，能坐下來好好談更是難上加難了。

除了上述例子之外，我還聽過有孩子因爲擔心隔天到學校無法跟上同學的話題，所以無時無刻不都在盯著Line。還有，暑假期間在社群上看到許多同學都出國，爲了不要輸了面子，要求也要出國，還跟爸媽大吵了一架。

青春期的孩子，本來就很重視朋友圈的認同，只是網路社群的存在，把孩子對於同儕的焦慮給延伸回家了。原本可以喘口氣、遠離社交壓力的空間，卻也跟著一起炎上，根本沒能好好的放鬆與休息。美國公共衛生局於二〇二三年的諮詢報告指示，接近一半的13歲到17歲青少年表示，社群媒體讓他們感覺看起來更糟，卻無法不使用。

美國知名社會心理學家、紐約大學史登商學院倫理領導學教授強納森・海德特，在他的著作《失控的焦慮世代》裡建議，由於會對青少年心理產生影響，「高中之前不使用智慧型手機」「16歲之前不使用社群媒體」，相信這應該很難辦到吧。至少，我們能做的是，提供給孩子一支自行保管且任意使用的手機，堅持到能多晚就多晚再給。然後，在給之前，孩子的3C使用上都要有所約束，希望把這個認知成爲共識，讓堅持的家長成爲多數。

3. 在社群上接觸到不當的內容

網路無遠弗屆，我們透過網路連接到世界各地，找尋各種資料，當然，任何資訊也是有可能經由螢幕進到我們孩子的眼裡，包括不適合他年齡的內容，像是暴力或色情的。

不適合孩子的內容，無論是在社群上的影片、短影音、廣告、訊息等皆有可能。我們的孩子已經長大，是青少年了，不可能永遠替他擋掉這些，要讓他能具備正確的判斷力來篩選，才是真正的解決之道。千萬不要忘了，他們外表看似像大人了，也依然是個尚未成熟且容易衝動的人。

除了不適合的內容外，孩子也有可能在社群上接觸到帶有惡意的人，比方打完一場手遊，剛與我同隊的陌生人來加好友，說跟我玩很開心，希望未來能一起連線，結果對方懷著惡意；收到ＩＧ的加好友通知，結果對方卻傳來不雅的照片。

要記得「壞人永遠不會嫌孩子的年紀小」，讓孩子接觸網路社群之前，提醒他並不是世界上的每個人都是良善的。同樣，親子保有良好且順暢的溝通，孩子在網路上遇到任何奇怪的事，是願意跟爸媽說的，這是能設下停損點的方法。

4. 隱私曝光

許多的社群媒體都有打卡功能，其實打卡功能也等於是間接告訴其他人「我人在哪裡」，以及平時生活圈的位置。另外，假使孩子在沒有防備的情況下，拍了張照片，背景是學校、班級，身穿校服，上面還繡著學號，這不就是把所有的個人資訊全透露了嗎？

設定公開的話，所有人都看得到。假使是私人帳號，孩子在網路社群的朋友皆是友好的話，倒也還好。可是，只要有少數是不懷好意的，後續的影響可能就會變得不可預測了。

聽過一名14歲的少女，因為玩手遊認識了一名陌生的姊姊，這位姊姊常常帶她打怪、升等，還會贈予裝備，越來越熟絡之後，私底下互傳ＩＧ帳號為好友、偶爾也會聊天。有次，這位大姊姊以關心發育為名，要求她傳一張不露臉、只穿內衣的照片，大姊姊也先傳自己的給女孩。當然，大姊姊其實是男的（在網路上假裝是女的），而且傳的照片是網路上找的。

女孩雖然有懷疑，但在不想失去這位好友的情況下，覺得又沒露臉，應該還好吧，然後就拍了照傳給對方了。結果，這位姊姊後續再要求她傳一張上半身全裸的照片時，女孩斷然拒絕。此時，大姊姊就傳訊息：「我知道妳讀哪間學校、在哪個班級，如果妳不想要我把穿內衣的照片傳給全班的話，妳就要給我全裸的照片。況且，妳穿內衣的照片，妳的爸媽看不出來是妳的房間嗎？」

當然，這或許是極少數的案例，只是，這類保護隱私的舉動，需要透過我們的提醒，形成孩子懂得自我防衛的內建功能，以防未來的任何一個萬一。

假如孩子嫌我們的提醒很囉唆時，很推薦可以從類似的「新聞事件」「電影影集」或「紀錄片」著手，親子一同觀賞，看清網路世界的眞相，討論如果是我們遇到的話，該怎麼預防。

我想推薦幾部片，電影《一級玩家》能讓孩子看到眞實與虛擬的差距；紀錄片《Tinder大騙徒》能明白在網路上是如何透過社群媒體騙人的；影集《創造安娜》則是看懂社群上的虛假、偽裝與盲從；韓國紀錄片《網路煉獄：揭發N號房》的分級制度是給成人看的，不適合讓孩子觀賞，可以由我們看過後，再分享給孩子討論，知道被害者是如何一步步陷入危險之中的。

孩子有社群媒體的需求，怎麼辦呢？

現在的家長與小孩也是很爲難的，當班上許多同學都有的情況下，孩子也不願意成爲那一個落單的、融入不了話題的人。孩子回到家後，哀怨地向爸媽抱怨「在學校我好孤單喔，他們都在聊ＩＧ上的話題，我都聽不懂，都沒有朋友。」我們聽了也肯定會很擔心。

並不是說孩子只要有了社群媒體帳號後，就一定會遇到這些問題，相信還是有許多自律度高的孩子，在網路上懂分寸、知界線，也擅長把社群媒體當成工具來幫助自己。只是，絕大多數的孩子在心智成熟度上依然不足的情況下，我是贊成《失控的焦慮世代》的作者所建議的，請讓孩子16歲時再擁有社群帳號吧。假使夫妻討論過後，有共識可以讓未滿16歲的孩子申請社群媒體帳號的話，我們可以這麼做。

讓孩子有社群帳號，可是，不要提供他任意使用的手機。許多後續的問題，都是「社群媒體」＋「任意使用的３Ｃ裝置」綁在一起所引起的。當孩子要使用社群時，請讓他用家裡的共用設備登入使用，比方iPad、電腦等，然後，最好是在公開地方。

也因爲是共用設備，我們可以約束使用的時間。

如果我們有給孩子手機，也多運用「家長監護工具」的App或功能來限制手機的使用，比方：Apple的「螢幕使用時間」或Android系統的「Family Link」與「Family Safety」皆歡迎上網搜尋如何運用。讓孩子不能使用3C時，在家裡可以好好的抽離與放鬆，遠離學校與人際關係的壓力與焦慮，沉澱心情。

最重要的呢，家長要與孩子保有無話不談的習慣。孩子能將心中的不開心與爸媽傾吐與分享，也是舒緩壓力的方式之一喔，請讓孩子覺得跟爸媽相處比3C更有趣。

孩子所遇到的挑戰，有時連家長也無法想像

「他們看起來感覺都好快樂喔，怎麼可以這麼好？眞羨慕。」兒子滑著IG說。

「你羨慕他們什麼啊？」我問。

「感覺很無憂無慮，都沒有煩惱與壓力。」

「你曉得，網路上通常只會呈現好的一面，不好的一面是不會展露出來的耶。」

「我知道啊。」

「你既然知道，是什麼原因還要羨慕他們呢？」

「因為我現在就是不能像他們一樣啊，我在水深火熱，他們都在開心。」

「說不定，你的同學也在羨慕你呢！」

「或許吧，可是，我又不知道。」

「你們這樣羨慕來羨慕去的，不會覺得很累嗎？」

「會啊，有時看著看著，會讓自己心情變糟。」

「既然心情會變糟，幹嘛還要滑？你知道嘛，只要人一陷入比較，通常就會痛苦，因為永遠比較不完的。」

「我明白啊，可是，我就是想知道同學在幹嘛。」

「哎呀～這可能是你們這世代的孩子，所需要面對的課題啊。」我說。

我們的孩子現在所遇到的挑戰，基本上都是我們未曾遇過的。當想要向他們說些建議與提醒時，別忘了，我們過去的經驗，不一定適用於現在。試著站在孩子的角度來思考他們的煩惱，不用倚老賣老的說些大道理，而是與他成爲隊友，想一想如何去面對。

對了，想要了解孩子在網路社群上的煩惱與焦慮，我們也可以試著安裝，並且下載玩一下喔。能跟得上他們的腳步、講得出他們的語言，才能更貼近新世代青少年的想法喔。

♥ 澤爸的貼心小叮嚀

1. 青春期孩子在社群媒體上所遇到的焦慮與壓力，絕對是我們無法想像的。
2. 我們想了解孩子在社群上的困境，可以下載且試玩看看。
3. 無話不談的親子關係，永遠是孩子在網路世界的最佳防火牆。

孩子爲什麼不聽勸，就是要去找網友？

有位媽媽來聽我的講座，在結束後上前詢問孩子的狀況，她說家中有高中的女孩，在網路上結識了男網友，才聊了幾次，就決定要外出見對方。媽媽知道了，擔心女兒的安危，堅決反對制止，可是女兒怎麼樣都一定要去見一面，說很不容易遇到了一個懂她的人。媽媽強行看了兩人的對話紀錄，認爲男生心懷不軌，於是以媽媽之名，留言警告男網友，說女兒是未成年的年紀，如果再聯繫，就會報警。所以此趟是特地來問我，該怎麼辦？

多年來，我在台灣各地演講，這樣的例子不在少數，包括國中與高中的孩子都有。設身處地以爸媽的角度來想，的確會滿是擔憂，覺得怎麼孩子聽不進我們說的話，爲什麼孩子會如此相信一個「外人」，而不願意聽家人的呢？甚至連討論的空間都沒有呢？

不過，用另外的角度來看，每當我被問到這樣的狀況時，都會思考「**是什麼原因讓外面的拉力比家裡的吸力來得更大呢？**」

檢視親子關係是否出了問題

需要先說明的，結識網友並不是一件全然不好的事，在健康的交流下，也願意適度的與爸媽分享，是可正常地看待，說不定還能開闊孩子的視野。只是，這位媽媽的女兒，原本是不想讓家長知道的，出門前還找了一個理由外出，只是在說謊的過程中，被媽媽給揭穿了。

假如孩子順利出門了，我們要先思考的是，從她在網路上結識了網友，聊天數次到邀約外出，最後準備踏出家門，在每一個環節裡，爲什麼孩子不願意跟爸媽說呢？以及，爲什麼爸媽沒有察覺到一丁點的蛛絲馬跡？

每個跡象都顯示**親子之間在關係上應該早就出現了狀況**，也就是說，「外面的拉力大於家裡的吸力」是親子關係長期累積的表象，所以我們需要重視的是，與孩子之間發生了什麼，導致家人對孩子的影響力變弱了，孩子也不願意把這類的事情向爸媽分享與討論了，這是需要先檢視的地方。

滿足內在的需求

另外，先前曾講述過，每個人行爲背後的動機，往往是爲了滿足內心的需求，而內心需求主要是與「歸屬感」「價值感」「認同感」「希望感」有關。

孩子瞞著爸媽與網友外出，或是不顧爸媽的勸阻，執意要去找網友，他的動力之強烈，表示這位未曾見面的網友能滿足他內在渴望已久的需求，可能是滿足了：能與他人有深度連結的「歸屬感」、覺得自己很棒的「價值感」、能夠被他人肯定的「認同感」，以及在未來能獲得某種事物或感受的「希望感」。

當孩子渴望從網友滿足這些需求時，可能也表示，這些需求正好是他在與家人、朋友互動時所匱乏的。過往與家人與朋友的相處，這些內心的渴望，從期待到失望，慢慢變成了不抱任何想法的沮喪，才會選擇往網路上找尋。

行為背後的內在需求

有位國八的女生，喜歡與網友聊天，一開始是覺得能聽到陌生人的故事很有趣，當然也會分享自己的事，卻逐漸變成整天掛在網路上找人聊天。經了解知悉，她從小爸媽就忙於工作，是個鑰匙兒童，家裡最多的聲音來源是電視。所以，她在網友身上所追求的是能被傾聽的「歸屬感」。

有位國九的男生，會考將至，爸媽希望他能夠減少玩電動時間，可是他覺得這群在手遊裡的朋友才是眞朋友，每天一起上線玩遊戲，有著革命情感，還打算參加實體網聚，可惜爸媽不允許。再加上家長很重視分數，班上同學也會競爭排名，而他的成績普通，爸媽總覺得他不夠認眞，經常否定與責備他，造成他認為自己不夠好，在班上也沒有什麼朋友，唯有在手遊上打得不錯，能被夥伴稱讚。所以他在網友身上所追求的是能被他人肯定的「認同感」、得到自我認可的「價值感」，以及擁有一群好朋友的「歸屬感」。

另一位國八的女生，喜歡在網路上找男網友網戀，還會互相暱稱老公、老婆，然後一個換一個，還曾經有社會人士來學校等她放學。並且，只要男網友對她好，就會外出去找對方。有幾次成功，也有幾次被爸媽發現，無論是教過、罵過，甚至是處罰過，都一樣，爸媽實在是莫可奈何。經深入了解之後，由於爸媽的關係不好，時常吵架，導致爸爸長期不在家，即使在家也不會陪伴，只有責罵，所以她跟爸爸的關係相當糟。缺乏父愛的情況下，她在男網友身上所追求的是能夠感受到被愛的「歸屬感」，以及能被呵護、疼愛的「希望感」。

上述，是我在各地演講時，與許多家長、社工與相關單位在交流對話下所探索出來的背後原因，希望提醒周遭的大人們，固然要留意孩子的外在行爲，不過，更重要的其實是內在動機。（對話與提問的探索技巧，挖掘孩子內心眞實想法，歡迎參考我的著作《引導孩子說出內心話》。）

假使大人只是把孩子的3C沒收、禁足不准外出、請假不去學校以避免與校外人士的接觸，這些只是治標不治本。根本之道，希望把孩子往外拉力減弱的方法，就是增加家裡對他的吸力，也就是找到匱乏的原因，補足這個滿是傷痕的坑洞，如此才能眞正降低外出找網友的可能性。

只要孩子在家裡或朋友之間能獲得內在需求的滿足，他就無需在網路上往外找了。

增加家庭的吸力，拉近親子關係

對青春期的孩子而言，朋友固然是重要的，可是，家人依然是他如何對待世界的根本。所以，希望能增加家裡對孩子的吸力，無疑就是拉近親子的關係，讓孩子能感受到，在爸媽的身旁是一件很開心、放鬆、自在與愉快的事情。也就是說，孩子與我們相處時，請讓他內在所湧出的正向感受遠遠大於負向感受。

我們能做的是：

1. 增加與孩子的互動頻率，做到實質陪伴

2. 專注聆聽孩子，多分享、少說教
3. 培養親子間對話的習慣
4. 正向稱讚孩子，減少批評與指責
5. 創造正向氛圍的家庭時光

有些爸媽可能會覺得，要跟青春期的孩子好好說句話都很困難了，哪有可能做這些事呢？有時，我們釋出善意了，卻是熱臉貼他的冷屁股，使得我們灰心不已。的確，我們做了不一定會有進展，但是，不做任何一丁點改變，只會是在原地踏步。我們阻止了這個網友，難保不會有下一個呢？

再遇到類似的事時，我們要試著讓孩子有著全新的體驗，讓他感受到爸媽想要了解他的心意大於禁止、回應他的內在需求多於責備與說教。那孩子與我們相處時，就能深刻體驗到與家人有著很深的羈絆，無論他的表現如何，在爸媽心中永遠是無可取代的，這樣一來相信我們說的話才會對孩子有影響力。

當有不認識的人加好友

「爸，有人要在手遊上加我好友耶，怎麼辦？」女兒來問我。

「網路上如果有不認識的人要加妳好友，都要注意一下喔。我們不曉得他們想幹嘛，小心一點的好。」我說。

「好，那這個我先刪除了。」女兒說。

「剛剛也有人加我好友耶，我要刪嗎？」兒子在一旁說。

「在哪裡加你的？IG嗎？你認識嗎？」我問。

「是在打籃球的手機遊戲上。」兒子說。

「這個加你的人，名字開頭是不是W？」我說。

「欸~你怎麼知道?!」兒子說。

「那是我啦！我們才剛剛一起打過這個遊戲的。」我翻了一下白眼。

「哈哈哈，我當然知道啦。」兒子笑著說。

「不加你老爸，給我試試看。」我開玩笑的說。

如果孩子願意在社群媒體或電動遊戲上加我們爲好友，一定要提醒自己，無論他發了什麼圖、寫了什麼文字，要盡可能的不要說教與批評。當遇到有需要教導的事情時，也要在平和的狀態下告知、提醒或討論。否則，他們是很有可能會封鎖我們的喔。

♥澤爸的貼心小叮嚀

1. 當孩子不聽勸，堅持要去找網友，我們要先檢視的是，為何家人對孩子的影響力變弱了。
2. 請試著探索出孩子渴望從網友身上獲得的內在需求是什麼。
3. 重新審視親子關係，在家庭中滿足孩子的內在需求。

爲什麼孩子只想躺平？

我們的孩子到了青春期，似乎越來越沒有動力？

以前，稱抗壓性差、挫折忍受力低的年輕人爲「草莓族」；而現在，對於什麼都不想做、不想競爭、無欲無求的年輕人，稱爲「躺平族」。

針對剛出社會的新鮮人，選擇躺平的原因，可以歸咎於高房價、高物價，唯有薪水不漲的無力感。可是，現在有很多國中、高中以及大學生的青少年，似乎也呈現這般模樣了。

孩子不願意行動，害怕「萬一失敗呢？」

《親子天下》的Podcast節目「關係相談所」，第148集是主持人陳品皓心理師訪問心理自聊師K老師（柯書林心理師），聊的主題是「當中年叛逆遇上青少年，如何緩解僵持關係？」②，K老師在節目中很詳細地說明了青少年爲何缺乏動力的原因與成長脈絡，我擷取了大部分精華，再加上個人的見解，說明如下。

現在的孩子生得少，相當寶貝，受到所有大人的關注，除了爸媽之外，還有阿公阿嬤，孩子被周遭大人盯著的密度很高，可謂矚目焦點所在。由於是全家的寶貝，一舉一動都很容易被過分誇讚，於是孩子自小認爲自己很特別、很優秀、是個人才，覺得自己是主角。如同從小到大的許多比賽與典禮，無論表現得如何，都是人人有獎，甚至有些孩子也不知道自己爲何會得獎。

這樣的觀點在進入小學後，開始產生了動搖，因爲他會發現「原來我沒那麼優秀」，A同學的運動比我強、B同學的畫畫比我厲害、C同學的數學比我好……而這個認知的動搖，尤其到了國中後更是宛如天崩地裂。

目前國中的升學制度，還是偏重成績、排名，看重的依然是明星高中、頂大的光環，可是這些名額有限，如同玩大風吹般椅子越來越少，要坐上這些被稱之爲「優秀」的位置是困難的。畢竟分數與名次的數字就擺在那邊，想說服自己都難。特別是上了高中與大學，主要以分數來篩選學校時，發現周遭的同學又超級厲害，才意識到：原來自己眞的沒有一直以來認爲的棒。

同時，社群媒體的蓬勃發展，看到網路上的朋友與網紅，「怎麼這麼厲害、過得這麼幸福、這麼爽，感覺他們都好快樂喔」，即便知道網路是報喜不報憂的，可是，「我好糟、我好遜，怎麼只有我是不快樂的呢？」這樣的念頭，不由自主地冒出來。

另外，國中與高中正面臨探索自我的年紀，網路資訊無遠弗屆，看到了廣大的世界，自己卻深陷於分數競爭的賽道裡，對於未來相當迷惘，到底是要找尋自己喜歡的？還是要追求社會主流價值？喜歡的道路，目前尚未找到，抑或是大人說很難養活自己，可是追求主流價值，又違背自己的意願。看著眼前的多條分岔路口，難以抉擇，乾脆不選還比較輕鬆。

在衆多因素夾雜之下，雖然認知到了自己沒有那麼好，但依然渴望能成爲鎂光燈的焦點，希望能繼續成功，於是對於他人的評價會異常的在乎，然而對於未來的不知所措，而且也沒有充分經驗來支持他相信自己可以做得好，所以對失敗的想像就特別的大。然後，只要有一次失敗，他的大腦裡就有了負面影響。

再加上，爸媽會拿自己的上一代與孩子的這一代相比，「我們以前……你們現在……你是身在福中不知福啊！」讓孩子認知到，他們的成長環境是物質相當充裕的，他的表現卻是令大家失望的。於是孩子擔憂自己做不好的害怕與恐懼，會不斷地衍生放大，如同掉落深淵一般，爬不出來。當下心中的委屈，連自己都不知道該怎麼辦，在夜深人靜時，偶爾會抓狂、會羞愧，甚至會想不開。

總結一下，現代青少年只想躺平，不願意行動的根本原因是：害怕「萬一失敗的話，怎麼辦？」歸咎不喜歡失敗，是因爲內心渴望成爲焦點，總認爲大家都在看自己。當失敗了，就會覺得很丟臉，也擔心自己投入了努力，卻還是失敗，會讓自己和爸媽感到失望。同時，也等於是驗證了自己的確是不優秀的結果論，導致他們總希望保證能看到成功，才願意投入心力。

可是，世上絕大多數的事，是無法保證成功的，所以爲了避免失敗，那就選擇逃避吧。不投入努力，卻可以很豁達地說「不在意、沒差」，這是因爲當最終的成績是不好時，至少可以對自己或他人說「有這樣的結果，不是我這個人的失敗，只是我沒行動而已」這類合理化的回應。

青少年常說「我就爛」的背後意涵，同樣是企圖用詼諧的方式，藉此來逃避這些應該要面對，但又害怕失敗的結果與否定，而且更可以用「我就爛」這句話，反擊那些很愛講道理與嘮叨的大人，讓他們閉嘴、讓他們生氣。

引導孩子動起來

我們曉得原因了，對於只想躺平，不願意行動的孩子，肯定有著滿心的擔憂，該怎麼引導我們的孩子至少願意動起來呢？

1. 爸媽的心要先穩定

如果我們因爲擔心、焦慮，而在他們的背後一直催促、一路嘮叨，或是制定一堆懲罰，只會讓內心想反抗大人的青少年，做出爲反而反的行爲，且力道會更大，甚至躺得更心安理得。

穩定自己的心，把焦慮與擔憂暫時放在心裡，不要隨意地爆發出來倒給孩子，再用適當的方式來抒發與調節即可。回歸到「這是我的情緒，我要自己處理好，不應該讓孩子來承受」，如此一來，在與孩子說話時的表情、眼神、語氣、講話方式與姿態等，才會比較平和。當爸媽沒有呈現出一手拿著皮鞭要鞭打的模樣時，孩子也無需做出無理的抗爭了。

2. 嘗試理解孩子想躺平的原因

相信「沒有一個人想把自己的人生給搞砸的」，既然不想，但爲何選擇躺平呢？背後肯定有原因的。在我們的情緒比較平穩之後，著急與擔憂的心情也能稍微緩和，大腦的思維就能從「他怎麼這麼不積極」的指責想法裡跳脫出來，轉爲去思考「是什麼原因讓他不想積極呢？」的好奇。

在順暢溝通之下，理解孩子行爲背後的原因，才能找到關鍵的方法來幫助孩子。

3. 適度的躺平也沒關係

過去的時代，因爲我們曾經苦過，通常較具有憂患意識，比方長期穩定的工作、儲蓄的習慣、換工作前要先找到下一個等。而新世代的孩子，生長在物質富裕的環境，再加上少子化導致就業市場供過於求，不太需要憂患意識的情況下，往往看重的是當下。

之前還提倡「Gap year（空檔年）」的觀念，趁著剛畢業或出社會沒多久，騰出一年或以上的時間，放自己一個假，最好是能在世界各地體驗，探索自己、活出自我、找到方向，比方旅行、打工換宿、義工服務等形式，這在傳統的觀念來看，根本是在浪費時間。

世代在變，我們的觀念也要跟著變，人生用不著時時刻刻都要有意義、有作爲，適度的休息也是很不錯的（重點是「適度」）。當我們能夠以平常心來看待孩子的不作爲，多些耐心，才有可能進而與他一同討論人生的下一步。

4. 增進親子之間的連結深度

馬偕兒童醫院小兒感染科黃瑽寧醫師曾說：「打造孩子心理韌性的最佳環境，就是擁有一個安全的家，以及願意傾聽、願意溝通的陪伴者。」所謂的心理韌性，陳品皓臨床心理師解釋：「培養孩子的心理素質，能讓孩子在變動所帶來的挑戰與挫折中，可以持續具備進化、自我升級的心態。」

想躺平不是問題，避免競爭與失敗的躺平才是，而源頭則是孩子的心理狀態。如果希望能建構孩子強韌的心理，方法就是提供安全感與用心的陪伴，加深親子之間的連結。更何況，無論是想透過對話來了解孩子選擇躺平的原因，以及讓孩子願意與我們討論他的人生下一步，這些都需要扎實的親子關係。

5. 放手讓孩子承擔自己的責任

孩子選擇躺平，也等於是不想承擔屬於自己的責任，假如此時爸媽因爲比孩子還著急，把孩子應盡的責任全扛在身上了，無論是替他做或督促他去做，都會讓孩子認爲反正有人替我擋著、爸媽替我負起人生的選擇，我不用負責，那就繼續躺著吧。

屬於孩子的責任，我們就放手吧，「屬於孩子的事，他都不著急，我們為何要比他還著急呢？」唯有讓孩子去面對自己的應盡之事，雖然需要等待，當迫在眉睫之時，他才會意識到這份責任是需要自己一肩扛起的。

有責任感的人，是不會一直躺平下去的。

6. 協助孩子找到熱情所在

周星馳在電影《少林足球》裡，有句經典的台詞：「做人如果沒夢想，跟鹹魚有什麼分別？」也就是說，能夠不依靠外力，啓動一個人願意主動的心，往往出自他是擁有目標的、有想要完成的事，也因為有夢想的存在，每天的生活總會充滿熱情。

找到了熱情，等於點燃了心中的引擎，朝著目標邁進時，始終充滿著動力。有動力的人，躺平只是偶爾的休息與充電罷了。

蘋果創辦人賈伯斯（Steve Jobs）二〇〇五年在史丹佛大學畢業演講時，也分享過這段話：「唯一做偉大工作的方法是去愛你所做的事。如果你還沒找到這些事，繼續找，別停下來。當盡你全心全力，你找到的時候會知道的。」

該如何讓孩子找到屬於他的熱情呢？首先，鼓勵孩子願意多方嘗試各樣有興趣的事物，實際體驗一下，才能感受心中的那一團火是在做什麼事情時會被點燃。

假使孩子目前沒有任何有興趣的事物，該怎麼辦呢？試著讓他無聊吧！無聊了，通常就會起身做些嘗試了。而約束3C的使用，是讓孩子能感到無聊的首要之務。

兒子的夢想

我曾把上述陳品皓心理師與K老師對於躺平時代的描述講給兒子聽，他聽了相當認同，很符合許多青少年的心態。

「對啊，眞的有這樣的感覺耶。」兒子很認同。

「那你會想要躺平嗎？」我問。

「當然想啊，寫功課、做報告這些都好累喔。」兒子回。

「的確，很多大人都想躺平了。不過，你在好想躺平的想法下，我們來到美國後，無論是上課、作業、報告這些，面對的全是不熟悉的英文，都很困難，但依然是盡力地完成了，你是怎麼辦到的啊？」

「唉～～沒辦法啊！心裡是很想躺平啦，但也知道不能這樣。爸，你知道我最希望的是怎麼樣嗎？」兒子突然想到了。

「什麼？」

「就是你成立一家公司，我當你的員工，只要做些簡單的工作就好，然後你支付我高薪，怎麼樣？很讚吧。」

「所以，爸爸辛苦，讓兒子享福，是不是啊？」

「知道就好，爸，努力點喔。」他拍拍我的肩。

這小子，真的是做夢還比較快啊。

♥澤爸的貼心小叮嚀

1. 先嘗試理解孩子只想躺平、沒有動力的原因與脈絡。
2. 我們再怎麼擔心與著急，也要先穩定自己。
3. 透過親子關係與連結，點燃他的熱情所在，把責任放回孩子身上，讓他願意動起來。

如何與青少年談性說愛？

你們覺得，孩子對於「愛」的認知基礎，是從哪來的呢？

孩子剛出生時，是百分之百的在接受被父母愛，還不懂得付出愛。隨著慢慢長大，在「被愛」的感受與「相愛」的體驗中浸潤之後，漸漸明白到「愛」的眞諦，才懂得什麼是愛，以及有能力去愛人。

「被愛」是爸媽對待孩子的方式，「相愛」是孩子眼中的爸媽是如何對待彼此，這兩個來源建立了孩子對於愛的認知基礎。

如何與青少年說愛呢？說穿了，好好的愛孩子、愛伴侶，是身體力行的最佳實踐。

在家裡傳達愛

我們對孩子的愛，是讓他體驗，進而擁有；夫妻之間的愛，是給孩子的示範，進而模仿。

爸媽想把愛傳遞給孩子，物質的提供屬於淺層的感受，較為深層且能回味一輩子的還是要回到內在。能進入孩子內心深處的愛，無論是對孩子或是對伴侶，皆能傳遞「重視與在乎」「平等與尊重」「無條件的包容與接納」這三種的互動姿態。

我們對孩子的重視與在乎，讓他覺得自己是一個重要的人，是值得被愛的。

我們對伴侶的重視與在乎，讓孩子知道不能把伴侶的一切視為理所當然，而是要用心對待。

我們對孩子的平等與尊重，讓他懂得對他人一視同仁，成為不會貶低與歧視別人的人。

我們對伴侶的平等與尊重，讓孩子眞正體會到兩性平權，對待伴侶不會有階級觀念。

我們對孩子有著無條件的包容與接納，讓他明白無論外在行爲表現如何，自己依然是個有價値的人。

我們對伴侶有著無條件的包容與接納，讓孩子看到夫妻之間應該有的相互扶持、成爲一體的感覺。

簡而言之，**我們如何愛他，孩子會用相同的方式來愛自己與愛他人；我們如何愛伴侶，孩子會用類似的方式來與未來的另一半相處。**

雖然在青少年的心中排序，朋友或許比爸媽重要，可是，這份渴望被爸媽所愛的心，是不會變的。

我在網路上看過一個影片，講述的是街訪青少年曾聽爸媽說過哪些很傷人的話，沒想到被孩子深深烙印在心中的傷痕語句，是「眞是後悔生下了你」，這句話完全否定了孩子整個人的存在，超傷的。所以，再怎麼生氣，也不要說氣話，還是要試著對孩子好好說話。

孩子爲什麼不敢說？

該如何與孩子聊性，在Part 1〈當孩子對性有了好奇〉提供了幾個對談的方法。在此，想要聊聊關於孩子在性議題上，該如何尊重他人以及保護自己，建立性知識的正確價值觀。

根據衛福部二〇二一年統計數據，性侵害被害人未滿18歲者占比將近六成，其中學齡前性侵加害人有九成是熟人。另一份同樣是衛福部於二〇二二年的報導，12到18歲的青少年的性侵害通報案件裡，約有35.6％是男女朋友的親密關係中、約18.2％是前任的關係、約10.9％爲網友關係。另外，教育部二〇二〇年「校園性騷擾事件調查屬實統計」裡指出，在校園性騷擾的比例中，學生之間的騷擾大約占80％，老師對學生則是約14.6％。

我們絕對要站在被害者這邊，譴責加害者，只是在許多案件裡，事情發生了，有些孩子是不願意告訴大人的，我們要思考的是「是什麼原因，孩子發生了此事，卻選擇不跟家長講呢？」

其實，他們不是不願意，多半是因爲「不敢」。至於不敢的原因有很多，比方心裡不太確定，懷疑是不是自己想太多、爸媽平時對自己的忽略而不確定講了是否會被重視、加害者的威脅與情勒、擔心被爸媽指責、認爲遭遇這樣的事會不會是我的問題等，這些都需要我們的關心與注意。

保護自己，讓孩子知道感覺是對的

在我所主持的《親子天下》Podcast節目「爸媽煩什麼」，第63集來賓是王嘉琪性諮商心理師，談論主題是「不喜歡就要說『不』！守護身體界線的日常練習」[3]。王嘉琪性諮商心理師很強調一件事，**教孩子懂得保護自己，要讓他知道自己的感覺是對的。**

舉例來說，阿嬤來訪，向著孫女走了過來，立刻抱她起來，小孫女掙脫跑開，臉露生氣的模樣，說「我不要妳抱我」。假使爸媽在一旁說的是：「阿嬤很疼妳耶，這麼久沒見了，讓阿嬤抱一下又有什麼關係？」「抱一下就生氣，妳這樣阿嬤不疼妳囉！」

如此的回應，只會讓孩子產生困惑，「所以，我的感覺是錯的？」「她疼我就應該要讓她抱嗎？即使我不喜歡這樣的感覺，也必須接受囉？」「不讓她抱我，是我的不對嗎？」

假使以這樣認知長大的孩子，身體的界線就會越來越模糊，即使內心湧出了不喜歡的感受，也無法確定是否是對的，當然就很難表達出來了，往往只會愣住，因爲他認定「講了也沒用」「講了也沒有人會聽我說」「我想講的是對的嗎？」

王嘉琪性諮商心理師在節目中說，「孩子在成長過程中，他的感覺出現了，是沒有被認可與接納時，如果當這個（不舒服的）感覺，是由一個我平常很尊重的人、平常很照顧我的人所做的，便會認爲『他對我做這個動作，應該是我想太多吧』。」

「如果希望孩子在關係裡能夠表達自我的感受，要看的是在孩子過往的成長經驗中，當他表達自己的情緒時，是否可以被接納，或者是當他表達不舒服的時候，爸媽是怎麼回應他的。」

「幼兒是最直接表達他所有感受的階段，長大後能不能表達，決定在於他成長過程中，表達自己的不舒服時，是怎麼被回應與對待的，甚至是清楚地認知到：『我的感覺是對的嗎？』」

所以，教孩子懂得保護自己，從年幼時開始一路到青少年階段，我們都要尊重孩子表達的所有感受，包含孩子說出「我不舒服」「我不喜歡這樣」「我討厭這個人」，甚至是日常生活中的「我飽了」「我不冷」這些皆屬於自我感覺的一環。

只要我們願意從小接納與同理孩子的感受，事件的當下，孩子表達了，我們不隨意評價，好好地聆聽，討論這個感受是什麼，再一起想辦法面對。比方：「了解，聽你所說的，你眞的很討厭那個人耶。」「我聽到了你說你很不舒服，你願意跟我說你的不舒服是什麼嗎？」「你不喜歡我這樣子跟你講話，你可以告訴我，我怎麼說，你比較能接受呢？」

如此，他的身體界線便會越來越清晰，當別人的行爲讓自己感覺到不舒服時，才能敏銳地覺察到自己的內心，並且是毫不猶豫知道「我的感覺是對的」「只要表達出來是能獲得幫助的」，如此，才能進一步地保護自己、捍衛自己的身體自主權。

教導孩子學習尊重他人

希望孩子能尊重他人的前提，當然是我們要先尊重孩子，過程中他將體會到「什麼是尊重」，待同理心的能力逐漸健全之後，就能把他所體會到的感受展現出來對他人了。

我們在尊重孩子的同時，也需要教導他懂得尊重爸媽，因爲爸媽是孩子學習應對他人的第一個對象，而**教導的方式，就是讓孩子練習「換位思考」，方式是「多說爸媽的感受」，有必要時，適時表達拒絕**。如此，才能讓孩子明白，不是他想怎麼樣別人就需要配合的。

比方，學齡前的孩子在哭鬧，揮手打到媽媽，媽媽就必須嚴厲的說：「我知道你很生氣，可是，你的手打到了我，我會很痛的。你可以生氣，但不能打人。」

小學的孩子想找爸爸玩，爸爸剛下班回家有些累，可以說：「你想找爸爸玩啊，好開心喔，只是我現在有些累，想要休息一下，我的拒絕可能會讓你失望，不然，你等爸爸休息三十分鐘，時間到了，我就可以陪你囉。」

青少年很衝，頂撞了爸媽，講了不好聽的話，爸媽可以說：「我們約束你，你當然會不高興，可是你因爲不高興而說了這些話，我們聽了也很難過。孩子，你是可以生氣的，請你試著用不同的方式來表達你的生氣，好嗎？」

我們尊重孩子，是在塑造孩子自己的界線，而表達父母的感受，是在讓孩子明白每個人都有界限的存在。我不能冒犯你，你當然也不能冒犯他人。所以，我都會提醒兒子和女兒，「伴侶之間，當我們向對方說『不要』的時候，就是在驗證對方有多尊重我們的時刻。」特別是女生，需要多加留意，絕對不能爲了愛而違背自己的意願，讓對方強行跨越到自己的界線裡來。

爸爸的內心戲

女兒很可愛，我正在使用電腦時，她會突然坐到我大腿上或是跟我擠同一張椅子，也沒幹嘛，就是單純想與我分享事情或坐在我身旁看書。

偶爾，我貼近了她，女兒會說：「不要靠我這麼近，很熱。」我立馬保持距離：「喔，好的。」因為她說不要就是真的不要。不過女兒，妳就坐在我的腿上，我又不能靠妳太近，我到底該怎麼用電腦啊？

有時，女兒坐在身旁跟我分享事情時，如果我正在忙會對她說：「女兒，爸爸很開心妳來找我講話，可是我現在正在忙，很難分心，能不能請妳等我把這些事情告一段落，再來專心聽妳說話，好嗎？」不過可愛的女兒有時會回：「那算了，我不講了。」我：「這……」不要這樣啦，爸爸真的好想知道妳要跟我說什麼喔。

爸爸的內心戲很多啊。

♥ 澤爸的貼心小叮嚀

1. 孩子對於「愛」與「尊重異性」的認知基礎來自於家裡。
2. 從小讓孩子知道他的感覺是對的，勇於表達自己的感受。
3. 也需要讓孩子從小懂得尊重他人，而第一個練習對象就是爸媽。

孩子一生氣就關進房間裡，怎麼辦？

很多爸媽跟我說，跟青少年相處，最難的不是如何溝通，而是他們根本拒絕溝通。

我在《引導孩子說出內心話》書中，提出孩子拒絕溝通的幾種樣貌，比方：回嘴、頂嘴、不耐煩、找理由與藉口、刻意晚回家，書裡也提供了應對的方法。不過，我想要談的是在拒絕溝通的行爲中，最困難的一種是，只要發生需要溝通的時候，孩子就把自己關在房間裡，甚至還鎖上門。

把自己關在房間裡的情況，可能是跟爸媽發生衝突了，或是在學校發生了不愉快，然後門一關上，就是很長的時間，彷彿進入了隔絕狀態。我們敲門，要求他開門、要他出來，得到的不是冷回應，就是歇斯底里的大尖叫，嘶吼著說：「離開，我不要跟你講話。」

過了一陣子之後，孩子生完氣了，從房間走了出來，我們想要再溝通一下剛剛的事情，他卻一副「我已經沒事了，不想再說」的樣子，著實很難繼續跟他談下去。

更嚴重的情況是，孩子只要在家就是鎖門、窩房間裡。請他出來吃飯，還會要求擺在房門口，或是等爸媽吃完了自己再出來吃，不要講溝通了，連見個面都很困難。

關門的舉動，我們固然會很擔心，也會很灰心，不過，我們應該要思考是**「什麼原因讓孩子必須要確保在那個當下，只有自己在這個空間（房間）裡，爸媽是不會進來的，才會感到安心與安全呢？」**

換句話說，**「親子間曾經發生了什麼事，讓孩子覺得跟爸媽在一起是不安心也不安全的呢？」**

當孩子關上了門

親子關係的疏離，絕非一朝一夕，肯定是經由長時間、日積月累的衝突所累積與堆疊起來的。

一個把自己關在房間裡，不願意與爸媽有交集的孩子，往往是因爲心中對於這個家的「歸屬感」的喪失，或是對爸媽的「信任感」已經流失了。原因有很多，可能是爸媽對孩子做了什麼，也有可能是孩子發生過事情，爸媽對孩子做了怎麼樣的回應。

一名小學高年級的女生，只要她一聽到媽媽又要嘮叨了，就立刻進房間，關門加鎖門。

一名國中男生，因爲在校外犯了一些事，回到家後，被爸爸痛打一頓。從這次之後，只要爸爸在家，他就關進房間裡了，只有爸爸不在家時，才願意出來。

一名國中女生，長期在學校有著學業與社交壓力，跟老師的相處也不太好。然而爸媽卻沒有嘗試理解她，一致認爲是孩子的問題。每次只要考試考不好、與同學有糾紛、老師寫聯絡簿，回到家後只得到爸媽的責備、辱罵與處罰。她在學校感到孤單，在家裡更是覺得沒有容身之處，直到把自己鎖進房間後，在這個只有自己一個人的小空間裡，才有鬆了一口氣的感覺。

一名高中女生，某天突然一聲不吭的把自己鎖在房間裡好多天，三餐都是在房間裡吃的，媽媽在門外關心，並沒有得到任何回應。從老師端得知，原來女兒長期在學校有人際關係方面的狀況，關起門的那一天，就是在學校與同學們有了衝突。後來，在輔導老師的引導下，才得知這女生躲在房間裡的原因，是因爲覺得天底下沒有任何人了解她、沒有人懂她，連自己的爸媽都一樣，這也是爲什麼爸媽什麼都不知道的原因。

假使孩子的關門，只是一時情緒的高漲與不滿，等情緒過了，還是會開門與爸媽講述，我們也無需太擔心，因爲這只是他調節情緒的方式。可是，如果孩子的關門，不僅是對爸媽的拒絕溝通，而是已經與外界完全地斷絕，不去學校、不外出社交，表示他關上的是心門，是對外界的無聲抗議，建議還要尋求諮商專業的輔導與協助。

讓孩子感到安心與安全

當遇到了孩子把房門關上，不願意開門且拒絕溝通時，請提醒自己，再怎麼著急、擔憂與慌亂，也不要罵他，比方「你以爲家裡是旅館」之類的話。也建議不要用各種方式逼他出來，比方斷糧、斷網、拆門鎖等。

在房間裡，至少他不太會遇到危險，我們要想的是，**「當孩子發生了事情，如何讓他感覺到在我們身旁是自在的、是安心的呢？」「要如何才能讓他相信，我們的溝通是充滿善意與溫度的，而不是帶來恐懼與委屈的。」**以及**「『家』是一個能讓你安心與安全的地方」**。

1. 單純釋出我們的關心

孩子覺得面對爸媽是焦慮的、躲在房間才能安心，表示親子間的連結是斷掉的。在連結已經斷掉的情況下，修復關係與接回連結絕對是最重要的事，因爲，連結的深度是溝通的基礎，兩人之間若是沒有連結，根本很難達到有效溝通。

然而，要把斷掉的連結給接回，是很不容易的，也是相當需要時間的。我們能做的就是讓孩子知道且感覺到：我是關心你的、我是在乎你的、我是很愛你的。

我們要做的，只有輕輕地敲敲門，在門外跟他說：「孩子，怎麼了？你感覺好生氣喔，你還好嗎？願意跟媽媽說你怎麼了嗎？」「看到你一生氣，就關在房間裡，媽媽很擔心你，也有點不知所措。如果你覺得在房間裡，會比較安心，讓你的情緒能比較好一點的話，你就先待著吧，媽媽也不會要求你出來。」「等一下你的心情好了一點，願意出來了，可以跟媽媽說你在生氣什麼嗎？如果你願意的話，媽媽會聽喔。」講完之後，有耐性地等他就好。

倘若親子的溝通已經長期處於很糟糕的情況，連這些善意的言語，孩子都不想聽的話，我們可以敲敲門、留張紙條或傳個訊息都好，「你在做什麼呢？」「餓了嗎？」「不要太晚睡囉。」「你在房間做什麼啊？」能再進一步的話，「你還好嗎？」「媽媽關心你。」「我有些擔心你。」「你在房間裡要照顧自己喔。」以簡單的慰問爲起點。

愛的力量，是讓孩子願意打開房門走出來的第一步。見到面了，才會有進一步溝通的機會。

2. 重新拉回連結

當孩子願意走出房門、面對爸媽了，先不要馬上責備或說服他，因爲孩子好不容易才把門打開。此時，我們的批評與講道理皆會讓他的內心產生負向感受，再次關上門的機率很大，且要他再次打開門的難度更高了。

假使孩子走出房門，卻不願意聊他怎麼了，我們也不用多問，可以找個適當的時間做出關心，「孩子，你好一點了嗎？還在生氣嗎？」「你剛剛在氣什麼，你願意跟媽媽說嗎？」

倘若孩子跟以往一樣，是不願意說的，我們可以回：「好～如果你不想說的話，那就不說吧，沒關係。」然後，只要先陪伴他就好，一起吃飯、散步、閒逛、看電視，先讓孩子感覺到「他不是一個人」。再找個機會，適度地釋出善意就好，「媽媽會問你，是因爲看到你剛剛好生氣、好委屈的模樣媽媽很心疼。我只是想要知道你怎麼了。」

假如我們覺得，孩子之所以要關起門的原因，與我們的過往互動有關的話，可以適度地告知爸媽願意改變與調整的心意。

「孩子，假使先前我的教養方式，讓你有不好的感受，導致你寧願關在房間裡，也不想和我說話，媽媽也希望你能夠告訴我。因爲，媽媽很珍惜你之前還願意與我分享很多事、你願意在我面前生氣、哭泣的模樣。你能把想法告訴我，媽媽知道了，才有機會做改變啊，好不好？好啦，等你之後想說了，或是想找一個人抱怨內心種種不開心的話，媽媽想讓你知道，我是願意聽的喔。」然後，就等他吧。

假使孩子還不想要談心事，可是，或許因爲連結的拉近，是願意與我們閒聊的話，不用講道理、也不要有任何明示或暗示，只要很日常地天南地北的聊天，聊生活、聊瑣事、聊喜歡的偶像即可。

唯有對著安心之人，才能毫無顧忌的做任何事、聊任何天，這也代表我們之間的連結給接回來了。聊天的深度等於連結的厚度，從淺至深是「點頭之交」「聊事情」「聊想法」「聊感受」，當孩子願意與我們分享他的想法或感受時，請務必舉臂歡呼「我辦到了」。

3. 同理與理解孩子的困境

親子之間的連結回來了，倘若孩子願意闡述自己之所以會關上房門的原因、過往所遭遇的種種壓力與不開心時，我們只要好好的試著同理、理解他的困境就好。

等到孩子有那麼一次，他生氣了、有情緒了，或是我們要跟他溝通的時候，他沒有關進房間裡，而是待在我們身旁。我們就可以跟他說：「孩子，你剛剛生氣的時候，沒有關進房間裡耶，你是願意向我展露你的情緒、願意告訴我你有多生氣、願意跟我講你的想法。媽媽好開心喔，謝謝你願意相信我。」

一次又一次的運行著，讓孩子覺得我們是個可傾訴的對象，隨著信任感越來越強，或許在短時間內無法解決孩子的難題，卻可以讓他感受到我們是願意陪著你一起面對困境的共感之情。

從「願意開門」到「我不是一個人」再到「一起面對的氛圍」的過程，文字寫得快速，可是在實際運用上，可能需要很長的時間來等待，絕非短時間能達成的。

他是我們最愛、最在乎的孩子，這段時間相信是值得的。

4. 一起面對的討論

孩子會把房門關起來，表示對於發生的事情，他有些承受不住了。願意說出來，絕對是好事。不過，事情還是要處理的，討論時，我們可以站在他的立場的方式來詢問：「你被同學這樣對待，肯定很不好受吧，除了請假之外，你覺得我們還有什麼方法呢？」「你覺得有需要媽媽去找老師談一下嗎？」「爸爸之前這樣罵你，我也很後悔，謝謝你告訴我，爸爸一定會試著改進。那麼，你覺得我能怎麼跟你說會比較好呢？爸爸想聽聽你的想法，好嗎？」

假如我們想給予一些建議，可以問：「爸爸有些想法，你想聽嗎？」「如果你覺得我講得有些太多了，可以告訴我喔。」

當孩子已經無法負荷所能承受的壓力時，能感受到爸媽在一旁的支持與必要的協助，雖然壓力持續扛在肩上，可是親子的連結感、家庭的歸屬感、內心的幸福感，都是能讓他帶著微笑走過這段困境的重要能量。

女孩的複雜心思

女兒有時生氣時會跑進房間，並且把門給關上，自己在裡頭生悶氣或是找方法來調節情緒。她很可愛，大概十分鐘左右，就會開門走出來了，然後跟我述說她剛剛爲什麼會這麼生氣。

「女兒，妳在房間裡做什麼啊？怎麼能讓原本很生氣的情緒，十分鐘後，就好這麼多啊？」我問。

「我在房間裡看書啊，看書能讓我的心情變好。」女兒說。

「妳看書就看書啊，幹麻要關門呢？」

「因爲我不想要讓你們進來。」

「剛剛是哥哥惹你生氣，爸爸也不能進來喔？」

「不行。」

「爲什麼呢？」

「你進來就會開始問我問題，我不想被問。」

「喔，只要跟我說妳不想講話就好啦，爸爸也可以不問，單純陪妳啊。」

「我連開口講話都不想。」

「是喔，這麼生氣啊。」

「而且，如果你在關心我的時候，我沒有在看你、也沒有回你，這樣子很不禮貌，所以，乾脆不要讓你進來比較簡單。」

「喔～～原來如此。」我心想，女孩的心思還真是複雜啊。

倘若孩子的關門與鎖門是短暫的，開門後是願意跟我們溝通、可以向我們表達他在氣什麼、他在想什麼的話，表示這個關門的舉動，只是單純想要有一個獨處空間罷了。這對青少年而言，是相當正常的喔，我們不用大驚小怪，帶著一顆溫暖的心來等待他開門就好。

♥ 澤爸的貼心小叮嚀

1. 孩子關進房間且拒絕溝通的舉動，表示他認為唯有在房間裡才是安全的。
2. 請拉回親子連結，讓孩子感覺到，他在我們身旁是自在的、是安心的。
3. 傾聽、理解與討論，讓孩子往後不再關進房間拒絕溝通。

孩子使用3C會上癮嗎？

現在是滑世代，我們的孩子都是數位元年長大的小孩，青少年的3C議題，絕對是我們相當重視的事情之一。

我始終認為3C數位裝置只是個設備，是中性的，它可以是玩具，也可以是工具，端看用的人是如何使用。關於如何約束孩子的3C使用，培養孩子成為3C的主人，詳細的作法，推薦我的好朋友諮商心理師陳志恆的著作《脫癮而出不迷網》。我也有在先前自身的著作中，用幾個篇章稍做說明過，皆歡迎參考。

在這，我想要與你們探討的是「3C成癮」。

3C成癮的徵兆

並不是說，孩子長時間一直玩、放不下來就表示他成癮了。3C成癮是經由長時間的累積，從「習慣」到「依賴」，再到「沉迷」，進而「成癮」，絕非短時間產生的。精神專科醫師馬大元醫師在YouTube頻道④有分享，判定孩子是否有沉迷跡象為以下四個徵兆。

- **無法停止**：手機的使用量越來越多，自己也覺得玩太多了，但就是停不下來。
- **耐受性**：原本用一個時段（比方：一個小時）就能滿足了，到後來漸漸無法滿足，需求量越來越高，或想要玩更刺激的遊戲，才能獲得滿足感。
- **戒斷症狀**：在爸媽適度的提醒與規範下，要求停下來時，情緒變得很大，非常生氣、焦躁與煩躁。
- **負面的效應**：生活型態因為有了手機，而有了很大的改變。例如：不去上學、無法與家人互動，或是放棄原本喜愛的興趣、活動、運動與重要事物。

馬醫師說，上述這四個徵兆是基本的網路成癮，只要符合一個，就表示爸媽該去關心孩子了。

3C成癮者的共通點

小六的男生，一天至少有數個小時花在遊戲上，媽媽只要強制拿走孩子的手機或電腦，他就會大叫、罵人、情緒失控，甚至還發生過翻桌子的舉動。

國八的女生，手機幾乎不離身，主要是玩社群媒體與看影片，每天熬夜到早上起不來，連與家人吃飯時，也都是在盯著螢幕。爸媽看不下去，要求沒收手機，結果女兒很不滿，說「如果你們要沒收手機，以後我的考試就全部考零分」，爸媽只好妥協。

國七的男生，除了上學之外，其餘的時間全部都在玩線上遊戲，假日幾乎整天都耗在電腦前。爸媽提醒了，也警告過了，始終無效，只好使出殺手鐧，就是斷網。無法玩遊戲的兒子，就對爸媽說：「如果你們不恢復網路，我就不去補習班、不去上學了。」在孩子的威脅之下，只好妥協恢復網路。看著一直打電動，不與爸媽有任何交集的孩子滿是無奈。

這些情況是我在演講時所聽到現場爸媽的真實困擾，這些舉動通常已屬於3C成癮的尾端了，應該有許多徵兆在更早之前就發生過，可惜卻沒有及早發現或是選擇忽略，才演變成如此。

假使爸媽能在走向成癮的前期，有點徵兆跑出來時就觀察到，並能立即做出適當的處理，相信就能在還小火時，便把火給撲滅掉，而不至於燃燒成大火。

探究的過程中，發現這些3C沉迷的孩子，他們與家人之間有幾個共同的特點：

- 爸媽長期習慣用3C來育兒，並且過早給孩子一台自行保管或任意使用的3C裝置，沒有堅定地約束與控管3C的使用時間
- 家人之間實質互動的陪伴質量不足
- 孩子已經習慣用3C來緩解自己的情緒與煩惱，或處理孤獨感
- 不使用3C的話，孩子會高度無聊，沒有其他的興趣或嗜好

爲什麼會3C成癮？

知名演說家與作家賽門・西奈克（Simon Sinek）在網路上有一支瘋傳的影片「千禧世代在職場上到底出了什麼問題」，影片中提到：「使用社群媒體以及手機時，會分泌一種叫多巴胺的化學物，所以當我們使用時，感覺不錯！於是，我們遇到怪事、情緒差、感到寂寞時，就會依賴手機，因爲在當下是開心的，因爲得到多巴胺，就會有快感。」

他還說：「多巴胺就是我們抽菸、喝酒、賭博時，所分泌的同一個化學物質，也就是說，非常具有成癮性。我們抽菸、喝酒、賭博都有年齡限制，但是我們在使用社群媒體及手機上卻沒有年齡限制。這樣等於把酒櫃打開，跟我們的孩子說，如果心情低落，來喝吧！」

「一整個世代在青春期時，正處於人生中焦慮感非常高的一段時間，卻可以無所顧忌的藉由社群媒體與手機，接觸到令人麻痺的多巴胺。」

「我們允許這些多巴胺製造器材或媒體被不受控制的使用，在成長過程中被植入，他們（孩子）不懂得如何營造深層與較有意義的關係。」

「所以，當他們人生中出現重大壓力時，不會去找人尋求協助，而是轉向電子設備與社群媒體，轉向這些提供短暫抒壓的選項。」

賽門．西奈克在影片中所講的「多巴胺」是一種大腦神經的傳導物質，被稱爲「獎賞機制」的神經結構。當做了某件事情後，在預期有收穫或取得回報時，會快速分泌，因而感到愉悅、快樂與興奮，驅使人想再次嘗試與挑戰，期待能夠獲得慰勞與犒賞，所以，才會有「快樂激素」之稱，能讓我們在焦慮之下感到身心放鬆與減緩壓力。

促使分泌多巴胺的事物裡，有透過「內在過程」與「外在物質」的區分。

「內在過程」包括，運動（跑步、瑜伽）、興趣嗜好（聽音樂、畫畫、閱讀）、友好的互動（好友聚會、找人傾訴）與良好的生活習慣（睡眠充足）等，這些是由發自內心，經歷長時間的投入與堅持，體驗多次的失敗與挫折，獲得成就感與滿足感的喜悅之情。

「外在物質」包括抽菸、賭博、酒精、購物、美食、看影片、社群媒體與電玩等，假使是透過「外在物質」的刺激來分泌多巴胺，就需要達到「平衡」。只要是適度的，倒是不太會對生活產生影響。可是要是過度的話，獲得愉悅的需求量不斷增加，就有可能從習慣到依賴，最後走向沉迷與成癮，比方先前從抽一根菸就能平復心情，累積下來變成需要一天抽一包才會有感。

導致孩子慢慢走往「3C成癮」的原因，通常是因爲在3C的使用上沒能達到平衡，失衡的意思是，**他生活中得到的所有愉悅與快樂，幾乎只有從3C上獲得，且透過「內在過程」得到的快樂、成就感與滿足感幾乎為零。**換言之，他是**「為了躲避現實世界，而逃進了虛擬世界裡」**，這個躲避，往往來自於長期且大量的挫折。

逃避現實，在虛擬世界滿足內在需求

孩子每天所面臨的大部分生活，不外乎讀書、考試、功課、同儕、老師、家庭。

假設他上課有努力在聽了，卻依然聽不懂，成績落在後段班，也沒特別突出的專長，跟班上同學相比，他常自愧不如，沒有特別深交的朋友。另外，班導師相當重視成績，會批評成績不好的學生，爸媽爲了他的將來在擔憂，也是滿臉愁容、緊迫盯人、一直嘮叨。同時，家中有很會念書的手足，時常被做比較。

當孩子身處於這樣的環境時，他的四種內在需求，就有可能是：

價值感：「我好糟糕、我眞沒用。」

認同感：「我好遜喔，都沒有能讓別人羨慕的地方。」

歸屬感：「我不是爸媽心中的好孩子。」「老師與同學的眼中根本就沒有我。」

希望感：「再怎麼努力，似乎成績都無法進步。」

放學後，他還要去補習班，長時間的學習，幾乎沒有娛樂與興趣可言。補完習回到家可能要十點了，可是還有功課與複習等著他。疲累之餘，又沒有別的嗜好，唯一的放鬆，只有躺在床上玩手遊。

手遊裡，一開始就會有小幫手在指導如何操作，不像讀書都需要自己不斷摸索撞壁；只要花時間或願意課金就能得到等級上的顯著提升，不像再怎麼努力，讀書成績可能還是不見起色；遊戲裡的夥伴都有著相同目標，不像班上同學都是成績排名的競爭者等，這些皆是在現實生活中未曾感受到的。

因此，他在虛擬的世界裡，四種內在需求重新定位：

價值感：「在遊戲的世界裡，我好強喔。」

認同感：「大家都稱讚我，覺得我的裝備很厲害。」

歸屬感：「與我一起組隊的夥伴們才是眞朋友，被大家依賴的感覺眞好。」

希望感：「只要時間與金錢花下去，等級提升，就可以過關了。」

他在眞實世界裡得不到的內在需求，卻在虛擬世界裡的電動或社群媒體中獲得了，於是一次又一次在虛擬世界裡的體驗，讓他藉由外在刺激分泌了大量的多巴胺，因而感到愉悅與快樂，然後在需求量增加的情況下，耗在3C上的時間也跟著變多，黏著度逐漸提高，3C的順位在生命排序中一路往上提升變成首位。所以，這不是瞬間發生的，而是一點一滴被吸引過去的。

況且，許多手遊是免費下載的情況下，背後依然是商業行爲，於是遊戲裡許多的設計技巧，目的就是要增加玩家對遊戲的黏著度，如此才會有課金的機會。

巨石強生所主演的電影《野蠻遊戲：瘋狂叢林》，描述四位眞實世界的高中生掉進遊戲世界，男主角在遊戲裡是最強大的存在，幾乎靠他在過關斬將。闖關完畢，準備要回到眞實世界時，男主角卻猶豫了：「我可不可以不回去？我只是喜歡像現在這樣。」因爲，眞實世界的他似乎很沒用，不像電動世界裡如此厲害，這或許也反映了孩子陷在3C世界裡爬不出來的心聲。

對虛擬世界有高度黏著的孩子，往往反映了他在眞實世界裡的困境，比方：家人關係連結上的疏離、同儕間人際關係的挫敗、課業學習上的挫折與沮喪、對自己的沒自信，或是生活中始終缺乏目標？

所以，想拉孩子遠離3C的虛擬世界，更重要的是看到他內心深處的呼救。

怎樣的孩子不會成癮？

1. 給予孩子使用3C的自由度，要與他的自律能力成正比

王意中心理師曾分享，孩子在3C上的使用，要觀察「擁有手機前與擁有手機後的態度、情緒、作息、對周遭事物的關注度，是否是趨於一致的？」如果有一定程度上的不一致，表示他的自律度尚未完善，需要重新調整規則了。

自律是整體性的，他不會是寫功課拖拖拉拉、做家事要一直催促、早上叫不起來，唯獨只有在3C上很自律，這是不可能的。一個對生活有自律、對自己的事皆能負責的人，往往在3C的使用也不太需要爸媽擔心。

孩子的自律能力，是從年幼開始，經由爸媽的教導、引導與放手，再逐步增加的。許多研究資訊顯示，一個人的自律度在有他律的情況下，大概要到18到25歲才會趨於成熟與穩定，所以，給予孩子3C使用的自由度，要採取階段式的開放，而且是因人而異。所以，能盡量越晚給孩子手機是最好的。

2. 只要孩子的心中順位，有其他比3C更重要的事，他會願意主動放下的

其實，大人一天中所使用的3C時間，說不定會比小孩更久，我就有跟兒子比對過，的確比他多上許多，兒子卻不太會抗議，這是爲什麼呢？因爲他知道我在3C的使用上，有很高的比例是在工作。

回想一下，我們是否曾經有過，正在滑手機或看電視時，想到了什麼，在好想繼續使用下去的情況下，卻能堅定地收起手機或關掉電視？問問自己，能讓我們放下3C的事情是什麼呢？

在演講時問過家長們這個問題，得到是要接小孩、要煮飯、要工作、要睡覺、跟朋友有約、要運動等各種答案，這些答案有個共通點，**「在心中的順位裡，這些事情比3C重要」**。

該怎麼協助孩子找到這些事呢？

- **培養孩子的自律心**。一個自律、願意自我負責的人，即使有些事情與3C相比是無趣的，他還是會要求自己去做的。

- **探索孩子的興趣與嗜好**。只要能擁有熱愛的興趣與嗜好，相信他會體驗到從「內在過程」中獲得成就感的經歷，對自己相對有自信，自我價值也會高，也就容易找到「現實－虛擬」中的平衡。於是，3C可以是他的休閒，也可以是他的工具。
- **以身作則拉近人與人的連結**。我們與家人相聚時不滑手機、與人講話時不看手機、陪伴孩子時不用手機，這些舉動皆用行動展現了「人與人的連結比3C重要」的順位性。有了我們的示範與教導，在孩子擁有手機後，相信他也會用相同的方式來對待他人。

3. 家長要成為有趣的大人

當我們要求孩子放下3C，他換來的是什麼，決定了會往家長靠近，或是往3C靠攏。

假使孩子在我們的要求下，把手機給收起來了，結果換來的卻是一頓責備、碎唸或冷漠，此時的心中肯定會湧出負向感受，你們覺得他會想要繼續與我們相處呢？還是想要回到手機的世界裡？

「等你這場打完，先暫停一下，我有件有趣的事情想跟你分享。」「等一下你好了，把電腦關了，我們去打球吧。」「你看的短影片怎麼都是美食啊，我們不要只用看的，走~直接去吃。」把孩子拉回到眞實世界了，與我們的相處下，他的內心湧出的是正向感受，換來的是人與人之間的美好連結，才會在約束下願意去做。

所以，**家長能戰勝孩子手上3C的最大利器，就是做個比3C更有趣的大人。**親子之間的歸屬感越深，孩子跑去虛擬世界裡玩，也會記得回來的。

另外，孩子擁有熱愛的興趣或嗜好的話，請鼓勵他與有相同愛好的朋友們相處。讓他從家裡爲基礎往外延伸，在目標相近的情況下，進而提升認同感、價值感與朋友間的歸屬感。

當孩子能在現實世界裡得到內在需求的滿足，3C就不再是躲避的洞穴，而是單純拿來放鬆的裝置以及協助自己的工具。

簡而言之，**一個在真實世界與他人有著深厚連結的孩子，又有著充滿熱愛的興趣與目標，再加上自律能力的提升，是很難沉迷在3C裡的。**

兒子的無奈

先前提過，兒子是在升上高中時才拿到手機的⑤，在此之前，有需要時都是使用家裡的共用設備。

「耶，我要盡情地滑囉。」剛拿到手機的兒子相當開心。

「兒子，應該沒有辦法盡情地滑喔！」

「啊？還是要被管喔？」

「對啊，我之前說過啦，最晚到18歲，我才會眞正的不管你如何使用手機，在此之前，你是手機的使用者，而我是擁有者，所以還是會觀察你的自律能力再做滾動式調整喔。」

「你會約束哪些地方？」

「基於睡眠考量和避免沉迷，我會設定晚上幾點之後就無法使用，以及玩手遊的總時間，當然，如果有需要增加，都是可以討論的。」我用的方法是iPhone內建的「螢幕使用時間」功能。

「好吧。」兒子還是有些無奈。

「兒子，我曉得你有許多朋友在國中時，就已經是不受限制的用手機了。現在好不容易你有了手機，我還是會約束，相信你是不開心的。」

「對啊。」

「你能明白爸爸的用意嗎？」

「知道啊。」

「可是，還是有些無奈囉？」

「當然。」

「你會怪爸爸嗎？」

「倒是不會啦，知道你的用意是爲了我的健康以外，你自己也很少滑，而且我們還會一起做很多事啊。」

「那就好。」

「即便如此，我還是好想能想滑就滑、想玩就玩喔～～」

「我懂、我懂～爸爸理解。」拍了拍他的肩膀。因爲，我也何嘗不是好想要什麼都不做，就一直滑手機、打電動就好啊。

♥澤爸的貼心小叮嚀

1. 孩子一定會接觸3C，我們要引導他學會如何正確使用。
2. 增加孩子在真實世界的互動與連結，避免走向成癮。
3. 「培養孩子的自律」「找到心中順位比3C更重要的事物」「做一個比3C更有趣的大人」，引導孩子在將來成為3C的主人。

1. 「寧夏璐66號茶坊」EP95回應聽友：孩子愛嫉妒、愛抱怨，滿滿自我懷疑的育兒人生 ft.澤爸

2. 親子天下的Podcast節目「關係相談所」EP148「當中年叛逆遇上青少年，如何緩解僵持關係？」

3. 親子天下Podcast節目「爸媽煩什麼」EP63「不喜歡就要說『不』！守護身體界線的日常練習 ft. 王嘉琪性諮商心理師」

4. 馬大元醫師談論網路成癮的頻道影片。

5. 先前有邀請剛升上高中的兒子來我的Podcast頻道「澤爸的親子對話」，聊「孩子在國小與國中沒有手機，是如何度過的呢？」有興趣歡迎聆聽。

Part 3

陪伴

面對青少年的叛逆，我們該如何穩定自己？

雖然我的工作是親職講師，不過，也是一位從頭開始學習的爸爸。兒子曾開玩笑地說，他是我們家的白老鼠，意思是許多教養方式都是由他做第一次的嘗試，也不確定到底是好還是不好。

我有向兒子說明：「的確，我們對於你的教養方式，絕大多數是來自教養書、心理學或我與媽媽的成長經驗所統整而來的，說『實驗』是挺像的，不過，我可以自信的說，由於你跟妹妹的個性不同，許多方法都是不相同的，所以，我覺得比較像是『因材施教』。況且你有任何不滿的地方，都很歡迎你來告訴我，我們是能坐下來談一談的。爸爸不會全部堅持己見，只要是合理、我也覺得有不對的地方，是願意調整的，試著找到適合彼此的方式。」

即便我是一個樂於溝通且願意調整的爸爸，但也被兒子責怪過，比方先前有提過的希望外出不用報備、希望能跟同學一樣晚回家、希望能自由使用3C等。兒子還因爲生氣而對我說過：「都是你，讓我現在不快樂。」因爲他看著IG上的同學們所發的限動，是多麼自在、多麼快樂，內心非常的羨慕，而讓他不能跟同學聚在一起感受快樂的，就是我對他的限制。

聽到兒子的責怪，其實我很難過，也曾產生自我懷疑，想說，是不是就不管他，幾點回來無所謂、想跟誰外出也不過問，3C想滑就滑不用管，完全把他當成是朋友就好，這樣子的話，兒子是不是就不會把現在一切的不開心，全部怪在我頭上了呢？

之所以難過的原因，是因爲我太愛他了，希望對兒子從小以來的所有付出，都能帶給他正向的影響，希望他能快樂與幸福。然而，他對於現狀的生氣與不滿，矛頭全部指向了我，就好像是擔任廚師的我，專門爲饕客所客製化的料理，期望能得到稱讚與道謝，沒想到卻是負面評價的回饋。

冷靜之後，我跟自己說：「被兒子責怪，我可以感到挫折，但是不要自責。」

雖然我被兒子責怪了，可是，這都無損我是個很認眞的爸爸的事實。辛苦賺錢養家、用心陪伴小孩、耐心溝通與對話、努力學習親職知識，以及再怎麼生氣也不會對他們口出惡言或發洩情緒等。

這樣的我，不應該因爲兒子的一句話，就被自己給全盤否定了。育兒有了挫折，只需再想想該怎麼調整就好。我呢，依然是個很棒的爸爸。

同樣的，希望在面對青春期孩子的路上，曾感到沮喪、感到挫折的你，也不要因爲孩子的叛逆行爲，而否定了自己。這麼認眞的我們，是值得被自己所欣賞、被自己肯定的。

別害怕青少年有情緒

兒子的一句話，就帶給我很多心情上的影響。在演講的過程中，聽過許多家長的反饋，講述著他們家中青少年的情緒爆炸，輕則極度不耐煩、嫌爸媽囉唆、我們講一句他回三句，重則親子大吵、失控吼叫、聲嘶力竭、指責爸媽翻舊帳，更嚴重的則是破壞東西、不回家、躲房間鎖門，導致現在許多家長會害怕家中的青少年有情緒。

我發現，家長會害怕的主因是爲了避免發生衝突，讓傷害擴大、影響到與孩子的關係，不過，如果爸媽的底線一直退讓，只會讓孩子把自己的情緒當成武器。「家和萬事興」不該是建立在忍耐與壓抑之上。

我們可以避免衝突，可是，底線必須堅持。

孩子的失控情緒停不下來，怎麼辦？其實，**孩子在青春期所呈現的情緒，有可能是我們在過往是如何對待他的檢視。**

《親子天下》的Podcast節目「幸福親子村」13集「情緒沒有對錯：你是情緒的主人還是僕人？」①，主講人是SEL社會情緒教練楊俐容老師，講述大人面對孩子有情緒時，常見到的三種應對姿態：爆發型（一有情緒就直接爆炸）、壓抑型（外表與內在不一致）與忽略型（完全沒發現自己有情緒）。

俐容老師說：「我們會那樣回應孩子，往往也反射了，認爲情緒的樣態是怎麼樣才比較好。」同時，俐容老師也在節目裡說明了，用這三種應對姿態來回應孩子的情緒時，有什麼影響呢？

爆發型爸媽：孩子會學到發洩有理，小時候被大人的權威壓著，等到長大後，發現發洩是好事，因爲只要我心情好了就好，於是會模仿大人發洩情緒的方式。

壓抑型爸媽：孩子會學到情緒很可怕，於是情緒來了，要想辦法把情緒給壓下去。表面上，好像呈現修養還不錯的模樣，卻不懂得如何處理情緒，也容易抑鬱。

忽略型爸媽：孩子會學到情緒一點都不重要，情緒來了，忽略它就好。可是，情緒又明明都在，就弄不清楚是怎麼一回事，很是混亂，於是，對於情緒容易感到焦慮與惶恐。

這三種類型的父母，很容易造成孩子對於情緒有錯誤的認知。年幼時，可能已經有跡象了，在被壓制或放任的情況下，往往不會被看見，直到青春期，驚覺失控了，再加上已很難繼續用權威來壓時，才意識到晚了。

我們要先明白，孩子情緒的爆炸，其實是在求助、是在討愛，呼喊的心聲是「我也不想這樣鬧脾氣，只是，我也不曉得應該怎麼辦，我需要你幫我。」

「情緒越多、越難溝通的青少年，越是需要我們的愛與理解。」所以，避免錯誤的認知，能眞正幫助到孩子的情緒發展，就是當孩子有情緒時，我們能夠先穩定下來。因爲，**爸媽的情緒穩定，會影響孩子的情緒也跟著穩定**。

情緒的當下，想要穩定自己，先喊暫停或是離開現場，都是不錯的方法。不過，離開現場的舉動，必須從過往經驗的信任，讓孩子知道，我的離開不是處罰、不是要孤立你，而是我需要先照顧好自己，才能來接住你。

戰火平息的當下，我們透過覺察、穩住、承認與接納的步驟，來讓內在情緒有著很平順且舒緩的流動，直到恢復平靜②。然後，也讓孩子的情緒跑一會兒，等雙方情緒都穩定後，再來找到適合的方法溝通。

我們可以與孩子的關係良好，但不要因擔心被討厭，反而變成討好他或害怕他有情緒。不要忘了，我們是他的爸媽，有引導的責任。教養，就必須承擔被討厭的勇氣。只要我們的態度是堅定且溫和，並有試著傳達教養的良善之意，相信關係會依然緊密的。

家有情緒穩定的大人，孩子到了青春期依然會遇到想發洩情緒的時候，因爲有被好好的對待，他發洩的程度，相信會是在可控的範圍內。

三明治世代的無奈

現代醫療發達，平均壽命增加，再加上晚婚，大都超過30歲才有孩子，雖然正處於壯年與中年的年紀，看似人生中最巔峰的高光時刻，卻是被夾在上有老、下有小，成爲三明治中間的內餡層。上一代在當內餡時，兄弟姊妹多，可是換我們這一代成爲三明治的內餡了，卻顯得單薄，只有一個、兩個，壓力大到時常喘不過氣，時常陷入不知爲何而忙的迷惘。

況且，我們同時也困在「長輩的權威思維」與「孩子的自我意識」兩邊觀念差異極大的中間段。由於從小在權威教育中長大，不喜歡這樣的教養方式，又吸收了「愛的教育」的新知，想要用截然不同的教育方式來對待自己的小孩。可是後來發現到，似乎只有愛是不夠的，時常摸不清楚何時該管、何時該尊重的界線，對此感到困惑與不知所措。

需要教導孩子時，我們從小唯一知道的教養武器——打、罵、處罰，在不能用也不想用的情況下，等於是手無寸鐵般的上戰場。特別是面對青少年，時常是互戰到體無完膚的狀態，想管又沒有武器、想教又不知方法、想愛又不懂表達，想用回傳統的打罵，孩子早就不吃這一套了，而且眞的打了下去，我們也會後悔，所以才時常感到身心俱疲。

還有，網路的快速崛起，手上沒有武器的我們，急於想要在網路上找救命稻草，卻發現資訊多到無法消化，好像每一個方法都好厲害，可是當眞正用在孩子身上時，卻又不是那麼一回事，導致挫折很多。心情低落時，看到社群媒體上的家長，每個都好厲害、好會教孩子、他們的孩子都很優秀，更顯得自己的無能，覺得自責，愧對孩子，沒有把他給教好。

另外，身處於萬物齊漲，唯有薪水不漲的世代，無法跟上一代一樣，一人工作養全家，許多家庭都是需要領雙份薪才能維持一個家的基本開銷。雖明白陪伴孩子很重要，卻又身不由己，只好把孩子外包。當有時間陪伴孩子了，卻只想好好休息，恢復上班疲累的電力，很想努力做好，卻又做不好時，常會感到無奈與矛盾。

所以，我們在育兒上會感到焦慮，是有原因的。

如同電影《腦筋急轉彎2》中所陳述的，焦慮的職責是保護我們，遠離那些看不到的危機。可是，當焦慮太多時，反而會讓情況失控。

三明治世代的我們，當然可以焦慮，可是更需要做的，是當焦慮浮現時，好好的先穩住自己，深呼吸幾次，把焦慮暫時放一邊，問自己：我們所擔心的事情，只是我們的想像？還是真的有可能會發生？哪些是可控？哪些是不可控的？把思緒放在可控且可能會發生的就好，其他的，就安頓自己的心吧。

心安頓了，可以想一想自己心中現階段的優先順位、時間安排，然後，享受每一個當下。思量一下，我們的生命價值、生活意義、人生方向為何？畢竟，我們雖然是三明治中間的內餡，可是，我們依然要活出自己。

再忙，也請留給自己一段獨處時光喔。

就算你生我的氣，我依然愛你

當兒子對我說「都是你，讓我現在不快樂。」這句話後，我的心情有些受到了影響，之後待我比較穩定了，再去找他聊。

「兒子，你很羨慕你的同學，是嗎？」我問。

「對啊，他們想出門就出門、想幾點回家就幾點、電動想玩就玩，還有很多的零用錢，眞好。」兒子說。

「你怎麼知道啊？」我接著問。

「同學自己講的啊，他們ＩＧ上也會分享，而且，上次一起出去，因爲時間到了，我必須要先回來，但他們還可以繼續在外面。」

「所以，他們的爸媽都沒有管喔？」

「還是有啦，像是管成績。」

「你所羨慕的那些同學，他們的爸媽可能在意的點與我們不一樣，就像我跟媽媽沒有很要求你的成績要幾分、第幾名。」接著問：「班上其他的同學，在跟誰出門、幾點回家、手機使用……這些規定，有沒有比你還嚴格的呢？」

「有啊，像某某某，他爸媽管得比你們還多。」

「所以，說不定，你在羨慕別人，也會有別人在羨慕你。」

「或許吧。」

「你因爲羨慕他人而感到不快樂，那麼，對於你已經擁有的，有感到快樂嗎？」

「還是會快樂啦，只是，我想要得到的，當然是自己沒有的東西啊。已經有的，幹嘛想。」

「假使你一直盯著別人手上的東西，而忘記自己手上的，這樣你會很辛苦耶。」我希望兒子能懂得珍惜。

「或許吧，可是，我就是會羨慕。」

「嗯，看到別人的好會羨慕，很正常，每個人都會。」我繼續說：「可是，如果你因爲羨慕別人，而感到不開心，然後再責怪我，爸爸雖然能理解你的不滿，但也是會感到有點委屈的，因爲我們會這麼做的用意，是有向你說明過的。倘若你還是無法接受，那也沒有關係，你就氣吧，我明白我爲什麼會這麼做就好。」

「爸，我只是對特定的事情生氣，不是在氣你喔，你對我的好，我當然都知道啊。」

「那就好，謝謝你告訴我。兒子，不管你有沒有在生我的氣，我還是很愛你的。」我說。

「我雖然有些事情是生你的氣，可是，你依然是我最棒的爸爸。」兒子在事後還跟我說了這句話，再加上一個擁抱。

只要有好好的跟青少年談話，還是能感受到他的貼心的。

澤爸的貼心小叮嚀

1. 一路走來，我們都是用心的爸媽，所以可以感到挫折，但是不要自責。
2. 希望青春期孩子的情緒穩定，我們要先成為情緒穩定的大人。
3. 我們複雜的情緒，可能是來自於生活過多的壓力，好好的照顧自己，再來面對孩子吧。

孩子始終不到方向與動力，怎麼辦？

在Part 2〈爲什麼孩子只想躺平？〉的章節裡，分享了爲何青少年想躺平的原因，以及該怎麼做至少能讓他願意動起來。假使我們所能做的全做了，孩子依然找不到方向與動力，在我們眼中的他，彷彿整天無所事事，做事不積極、希望他去做的事都回答不要、只想爽爽過，又該怎麼辦呢？

既然，我們能做的都已經盡力去做了，那就陪伴吧。告訴他，關於養育與照顧，我們的想法是什麼、何時會把他視爲一個成年人來看待，也等於是父母的責任會在某個階段告一段落。至於其餘的，他的人生、未來與決定，需要由他自己去面對與承擔。

我始終相信一句話「沒有人會想把自己的人生給搞砸的」，除非他的人生都是別人在替他做決定。唯有孩子能擁有人生的自主權時，才會意識到需要負起相對的責任。

等待孩子找到願意前進的目標

家長會想要安排好一切，很多是出自於替孩子的未來擔憂，希望他能一帆風順；也會擔心自己沒能盡到一個好爸媽的角色，不希望將來被孩子責怪。不過，我們需要知道的是，孩子的成績單不是父母的ＫＰＩ（關鍵績效指標）。並不是孩子有所成就、有好的表現，我們才是好的父母。請跟自己說，只要在育兒路上，有盡力、有努力、有認眞，就是足夠好的父母了。

當然，倘若孩子的發展不如我們所願，心中感到很大的沮喪與失落，也是正常的。也很有可能是，我們看見自己所爲他付出的，忍不住想要談條件交換，比方：我負起賺錢的責任，你也必須要盡到當學生的本分；平時煮飯、接送，爲孩子做了這麼多，他卻只想躺平。

我們是如此的愛他、在乎他，心裡才會有這麼多複雜的情緒，不過，要記得這情緒是我們的，不需強壓在孩子的身上轉為壓力，只需把自己給穩住就好了。

親子之間，還是要多傳遞溫度，多看見孩子的好，享受相處當下的每一刻，成為他背後的支持與相信的力量。有了這份力量，當他決定要為自己的人生負責時，才會更有支撐力去面對未知的一切。

不過，我並不是說就一切隨著孩子，想幹嘛就幹嘛，說不定還會認為我們是不是放棄他了。做爸媽的依然要表達關心，該管的依然要教，陪著他去探索、好奇現階段的想法是什麼，詢問有沒有什麼是爸媽能協助的地方。

我們要先釐清的是，希望在背後強推孩子一把的念頭，是「爸媽想要的，這是大人自己覺得為了孩子好」呢？還是「以孩子的需求為主，是他自己想要的」呢？

把一個人比喻成一輛車子的話，能讓這輛車往前跑的燃料，就是「動機」。我們在陪伴的過程中，試著引導孩子找到屬於他的動機，只要找到了，不用我們在後面推，他肯定會跑得很快呢，到時候，我們只要祝福他，以及當他的充電站就好。

倘若孩子始終尚未找到動機，也只能等囉。這份等待，是期許他能從一片迷惘之中，開闢出一條道路，而且是發自內心地爲了自己、找到了願意前進的目標，而不是爲了符合任何人的期待。

「你們不懂我在煩什麼」

兒子高中時曾經在學校與社團經歷一些困難，回到家了，煩惱全寫在臉上。我們釋出關心，也耐心地傾聽，換來的只有兒子說「你們不懂我在煩什麼」「我遇到的事，你們根本沒有遇過，所以沒辦法理解我的。」兒子的這些話讓我瞬間領悟了。

做爸媽的，總是希望能把孩子的煩惱給一肩扛起，替他們分憂解勞，如此的場景，在幼稚園與國小的階段是比較有機會的，可是，到了國中與高中，似乎成效不大。

孩子現在所經歷的，與我們在相同年紀時所遇到的，已經相差十萬八千里了，才會讓兒子覺得我們根本不懂他在煩什麼。

此時，我們除了陪伴他、傾聽他之外，實在是愛莫能助。這個「愛莫能助」不是撒手不管，而是我們需要明白，他長大了，他這次要靠自己了。青春期的階段，也的確是需要練習了，這才是一個「個體化」應該經歷的過程。

孩子必須透過自己的體驗與嘗試，提升經驗值，獲得「原來我是可以的」「我是有能力的」這些相信自己的自我認知，成年後，才能成為一個不需要凡事依賴爸媽與他人的人。

提升「自我效能」與「自信心」

關於協助孩子提升經驗值，獲得「原來我是可以的」的自我認知。是等待孩子探索內在動機的同時，我們能協助著手的地方，也就是增加他對自己的「自我效能」與「自信心」。

根據馬偕兒童醫院黃瑽寧醫師所寫的文章，「自我效能」指的是在面對特定任務時，心裡有一種篤定的心態，相信自己能做到好，進而願意開始嘗試，並著手努力克服困難。最直接的問句是：「你相不相信自己能夠透過努力，做好這件事？」

不過，「自我效能」並非全面性的，而是針對某一個特定的領域，經由自己過往的成功經歷、看過他人的示範，與相關的種種參數，所產生的篤定。比方說，曾經跑很快，也被很多人稱讚過，於是，對於接下來的短跑比賽就有了很高的自我效能感。又比方，每一次的數學都考不好，補習又請家教了，分數依然沒有提升，於是對段考的數學考試，自我效能感就會不足。

另一個與自我認同有關的就是「自信心」，黃醫師的文章中說道，自信心代表的是內在的力量，喜歡自己，愛自己，尊重自己，不論外在環境如何，不論成功或失敗，都不會讓自己陷入低谷，這是自信心的表現。最直接的問句是：「你喜歡自己嗎？你欣賞自己嗎？你是如何評價自己的呢？」

自信心是比較全面性的，與自我效能不同之處是，無論這件事情是否有過類似的經驗、是否看他人做過、難度有多高、他人是如何的否定與不看好自己，因爲內在的自我價值感是高的，所以，即便在沒有任何的證據顯示是可以辦到的情況之下，依然對自己有信心。簡單的說，自信心是一種由內而外，對「自我的評價」。

只要孩子的「自信心」與「自我效能」是足夠的，他即使現階段找不到方向與動力，沒有任何行動，但依然是對自己有信心，懂得欣賞自己、喜歡自己、愛自己的。在一個自我價值感高的孩子身上，不會出現頹廢與沉淪，等到他的引擎被點燃後，就會往前衝刺，勇於突破種種困難。

培養「自信心」與「自我效能」的方式，除了爸媽要適時的放手，勇於讓孩子嘗試，增加成功經驗，給予支持、相信與信任。同時，無論他做得如何，都能找到正向的點來肯定與稱讚。

更重要的，讓孩子能夠喜歡自己、對自己有正向評價的內在力量，來自於他能從爸媽身上，感受到無條件的愛、包容與接納。

面對新環境的挑戰

帶孩子們來美國之前，我曾問過他們一句話：「面對未知的環境與挑戰，一定會感到不安與緊張。我們即將要去陌生的環境生活，對於新的學校、同學與學習方式，你們是否相信自己，再怎麼樣的艱難，是可以找到方法適應的呢？」

「我覺得可以啊，只是不知道需要多久。」女兒很直接地給了我答覆，表示她對自己的自信心很足夠。

「嗯……我不確定耶。」兒子回答得比較猶豫。

「你的猶豫與懷疑是什麼呢？」我想要釐清。

「國小與國中的時候，我在課業上也很努力啊，可是排名始終不見起色。甚至，我明明已經有努力了，還被老師大罵說『你一定是不夠努力』。」兒子說。

「你聽到老師這麼說，肯定很沮喪吧。」我安慰他。也聽得出來，因爲過往的學習歷程，讓他對於「學習」這領域的「自我效能感」，就稍顯不足了。

「爸爸講的，不是成績與排名，是面對全新的學校與老師、不同的上課方式和語言，在初期肯定是困難的。而你是否相信自己，願意鼓起勇氣來迎戰這些困難與挑戰，慢慢找到適應的方法，然後與新認識的朋友間能擁有新的歸屬呢？」我好奇的是他的自信心。

「這方面的話，我覺得應該是沒有問題的。」兒子比較肯定了。

看來兩人的自信心都很足夠，那就好，因爲即將在異地生活，爸爸其實更緊張啊。

孩子說「好累喔」

兒子在美國讀書時，由於要面對不熟悉的英語，還有相當多的報告要完成，感覺很累、壓力很大，有天脫口而出說：「唉～好累喔，眞不想做這些。」

「對啊，每天看你這樣，眞的好辛苦喔。」我與老婆回他。

「爸，還是我就隨便做做就好，成績怎麼樣也無所謂，畢業後，再去找個打工的來做，這樣就不會有壓力了，比較輕鬆。」兒子感覺有點喪氣。

「都行，你的未來，你想要做什麼，你是可以自己做決定的。」我接著說，「只要你想清楚了，我和媽媽都會支持你的。」我沒有建議、也沒有擔心。

「唉～～算了，這樣子的話，感覺我好遜喔。」兒子躺了一陣子，講了這句話，又起身去準備報告了。

雖然我的心裡有冒出：「帶你來美國讀書，你居然只想打工，這樣對嗎?!」不過，幸好沒有說出口。看兒子的反應，果然驗證了「沒有人會想把自己的人生給搞砸的」這句話。

♥澤爸的貼心小叮嚀

1. 我們做了許多該做的，孩子始終找不到未來的方向與動力，那就放下擔憂吧，只要他是個有責任感的人，總有一天會找到的。
2. 我們因為很愛他，總是想要替他解決煩惱，可是，他還是要透過自我探索與練習，才能成為一個更好的大人。
3. 孩子沒找到方向與動力，沒關係，至少現階段多培養他的「自我效能」與「自信心」吧。

拉近與青少年的關係，讓孩子願意與我們談心

青春期孩子與爸媽的關係與互動，傳達出我們在這之前是個怎樣的父母。

想像人與人之間有一條線，相處時所產生的「感受」，會影響這條線的長度。長度越長，兩人距離越遠，關係越疏離、互動越少；長度越短，兩人距離越近，關係越緊密、互動頻繁。

如何影響線的長度呢？與此人相處時，產生的是正向感受，線會變短，拉近兩人的距離，反之，產生負向感受的話，線會拉長，拉遠無形的距離。

剛出生的孩子，與我們是最貼近的，中間的線是最短的，趨近於零。隨著孩子長大，當然有同儕與成長的外力把他往外拉，可是影響親子關係最多的，依然是在長大的過程中與我們相處所產生的感受。

孩子在青春期的階段，假使依然很常與我們分享事情、喜歡跟我們外出、不開心的事也會對著我們傾訴，這表示在從小到現在的經驗，他與我們互動時，擁有許多開心、快樂、舒服、自在、安心與幸福等正向感受。

倘若他已然拒絕溝通、不分享事情、不太跟我們外出、在家的交集很少，這表示在過往，他與我們互動時，心中湧出的多是難過、生氣、憤怒、委屈、擔心、緊張、焦慮等負向感受。

當我們意識到這樣的事實時，有關過去的種種，可能會感到自責或後悔。其實能看見與接受這些情緒是好事，不過更要理解的是，在他眞正成年之前，我們還是有時間與機會去改變的。

如果把孩子的青春期視爲親子關係的期中考，只要我們願意好好的檢視自己，相信能做出調整來面對期末考（孩子成年或離家）。

需要做出調整的第一步，絕對是拉近親子關係。

拉近疏離的親子關係

在胡展誥心理師的著作《說不出口的，更需要被聽懂》說明，「催產素」是一種哺乳類動物激素，有助於我們與他人建立聯繫，增強人與人之間的信任和親密關係，在社交活動中，扮演非常重要的角色。所以，當我們與孩子有著大量正向的交流與互動時，會產生很多催產素，能進一步增進親子間的情感依附，關係也能更緊密。

許多資料皆顯示，增加催產素濃度的方法有：親密的肢體接觸、平時能說比較多的話、互動時身體距離是靠近的、真誠且專注地傾聽、能適時回應對方的需求、給予讚美與肯定的言語、創造愉快的氛圍。

以上舉動，如果是關係良好的親子，平時就能自然辦到了。可是，在孩子青春期階段，關係有些尷尬的親子，硬是做這些舉動，相信會很不自然，覺得卡卡怪怪的，又該怎麼辦呢？

我的建議是，爸媽放下高高在上的姿態、減少總是要給孩子建議的心態，先從不

評價、不說服、不嘮叨的傾聽與聊天開始吧。

回想一下，夫妻之間是如何從相識、熟悉、交往再到結婚的呢？兩人的關係是如何一點一滴地往彼此靠近的呢？修復親子關係的方式也是雷同的。

找機會相處、找話題與對方聊天、專注且眞誠地傾聽、過程中盡可能多了解彼此、讓互動時刻是開心的、在乎對方的心情與感受、也能向對方吐露心事、讓對方能體會我們對他的尊重與信任、嘗試表達我們對他的愛與關心、適時給予一個眞心的擁抱等，一步步地把兩人拉近。

在網路上看到一句話：「青春期的孩子仍愛我們，但我們已不再是他世界的全部。」爸媽對青少年依然是重要的，不過，他應該要放眼外面的世界以及未來了。拉回與青少年孩子的關係，不是要他依賴我們離不開，而是把那份純粹的親子之愛給找回來。

即使他踏向偉大的航道，我們之間看不見的線，還是能把雙方緊密地連在一起。

孩子的自我消化

即使親子關係是很好的，但仍會遇到青少年的沉默。這不一定是親子關係不好，而是他想要先試著自己消化。

剛帶兒子和女兒到美國來讀書的初期，剛到新環境的他們，下課後，回到家時都悶悶的、不說話。我問他們怎麼了？在學校還好嗎？也不回應，兒子躺在沙發上滑手機、彈鋼琴與打球，女兒則是自顧著看小說與漫畫，對於我的好意，他們皆不想理會。

適應一陣子之後，他們才跟我說，在英文不是母語的情況下，上課每一刻都是處於緊繃的狀態。兒子說，只要有一丁點的放鬆，可能就沒聽懂老師所說的話了。而且，周圍的同學全是在地人或是英語相當流利，文化的不同，很常發生不同調的情況。

另外，在美國的上課方式，有很頻繁的小組討論、上台報告、台上台下的互動應答，這些都讓他們必須要長時間的專注。這也難怪，他們兩個一回到家，彷彿經歷一場大戰一般，只想躺著休息，不想說話，先讓自己消化一下。

如同前面所說的，「青少年階段，是孩子正準備要邁向成人的預備期」，所謂成熟的大人，就是能面對與處理自己的事物，並且能為自己的所有行為與決定負責。這樣的能力，正是需要經過練習才能蛻變完成的。

經由我的了解，他們的自我消化，包含了自我沉澱、壓力釋放、情緒調解、整理思緒、獨自思索、身心放鬆等，經歷這些成為獨立個體的過程。畢竟，他們再過幾年就是成年人了，不再像是年幼的孩子一般，把所有煩惱與焦慮都倒給爸媽，需要靠自己了。

我覺得這樣的經歷，家長或許會感到失落，不過，對孩子而言絕對是好事，應該要欣慰才是。有教養文章建議，此時的爸媽要像培育盆栽一樣，待在身旁就好，我們可以各做各的事情，享受彼此的陪伴，是不一定需要說話的。有時候表達一下關心就好，「孩子，如果你有不開心的事，想找一個人講的話，我可以聽喔。」

我們也曾經是青少年，想一想，當我們是青少年時，希望爸媽能怎麼對待我呢？

我們就用同樣的方式去對他吧。

對了，假使我們因爲孩子的回應或舉動而惱怒了，心中跑出來一絲絲討厭孩子的想法，「我這麼辛苦，他卻認爲理所當然？」「我爲他做了這麼多，還不懂感恩，對我這麼兇！」也是正常的，畢竟我們在生氣啦。穩住自己，待情緒過了，我們眼中的他，又會恢復可愛了。

「你可以聽我說就好了」

兒子在國中九年級準備模擬考前，努力苦讀之時，突然冒出一句話：「爸，我發現啊，很多會考的題目，就只要單純套公式就好，沒有複雜的計算耶。」我聽到這一句，身爲爸爸的擔憂自然升起，擔心他會這樣就減少去算難度較高的題目了。

「兒子，你先不用預設立場，把該背的、該算的都去做做看。」我下意識地想提點他。

「爸，我沒有說我會這樣子做，只是想跟你分享一件我發現的事而已。所以，你可以聽我說就好了。」兒子停頓了幾秒鐘，很快地回我這句。

「喔……喔～～好，爸爸知道了。怎麼樣，你還有什麼發現嗎？」我聽到兒子說的，也很快就懂了，立刻把說教模式改成對話模式。

青少年意識到爸媽要說教了，最常做的行爲是「不耐煩」或「不說了」。然而，兒子聽到了我的回話，卻能夠很快地對我做出提醒。也正因兒子的提醒，我才能及時改變說話的模式，開啓後續的對話，而不是直接被句點，眞的很謝謝他，謝謝兒子能這樣覺察，然後願意好好的跟我表達。

希望我們能成爲單純好好聽孩子說話的爸媽，當他提出需求時，我們再給予建議就好。

♥ 澤爸的貼心小叮嚀

1. 從小與孩子的相處，多讓他產生正向感受，如此才能累積親子關係的厚度，拉近距離，這樣到了青春期時，還是會很有話聊。
2. 如果覺得孩子到了青春期，彼此的關係有些疏遠，請試著透過互動增加兩人的催產素吧。
3. 能與青少年談心的最大訣竅，就是成為一個好聽眾。多聆聽與回應、少給建議與道理，絕對能帶來巨大的改變。

對孩子的心願

撰寫這本書時，兒子16歲，女兒13歲，正值青春期的階段，這也代表著我已經當了16年的爸爸。

當爸爸的初期，我的期望很單純，就是希望他們能夠永遠地平安、健康與快樂。隨著他們的長大，初衷當然沒有改變，同時也增加了一些期許，希望他們能找到自己的志向、從事充滿熱愛的事情，以及擁有愉快與幸福的生活。當然，這些是祝福，不是規定。

後來，在我學習薩提爾之後，深知人的行爲（水平面上的冰山）與複雜的內心（水平面下的冰山）是息息相關的，而水平面下的冰山，內心許多對外的內建功能與反射應對，又是從零到18歲的這階段所建構而成的。

也就是說，孩子的未來種種，無論是對自己的觀點、對他人的反應、對特定事件的敏感程度，很多都與原生家庭是有關聯的，嚴重的更稱之爲創傷。比方說，有些人很容易焦慮、容易自責、沒有自信，甚至會覺得自己是個沒有價值的人，或遇到某些事很容易糾結與爆炸等，都有可能與從小是如何被爸媽所對待的方式有關，說不定當事人也不清楚自己到底怎麼了。

我理解這層知識後，對孩子的心願又增加了一項，就是**「希望由我給予孩子的成長環境，所建構出的他內心水平面下的冰山，是純粹、是乾淨、是沒有陰影、沒有創傷的。成年後，面對外面的世界時，原生家庭所給予他的是正向影響，幾乎沒有負面影響。」**

這個心願是過於理想的，畢竟沒有父母是完美的，我們再怎麼願意學習，也依然是個有情緒的人，甚至還深受自身原生家庭的困擾。即使如此，我也希望能盡量做到，除了提供一個無條件愛他、包容與接納他的環境外，在我有做不對的地方，也很樂意即時修正、調整與改變，必要時會向孩子道歉與和解，並期望能帶著橡皮擦，把剛剛在孩子心中劃下的一道痕跡給抹去，或許沒有辦法恢復原貌，但至少不要對他的未來造成負面影響就好。

期許我與老婆所爲孩子建構的原生家庭，能成爲支持他們勇於邁向未來的力量，而不是困住他們的枷鎖。

享受當爸媽的每一刻

再過幾年，他們即將要從結蛹的狀態，準備破繭而出，化身成爲美麗的蝴蝶。而我也即將要跟他們一樣，邁入下一個階段，有些人會說是空巢期，我更加樂意地說是欣賞期。欣賞著他們將會如何開創自己的人生道路，想著都覺得興奮。

有人問我，孩子長大了，會懷念他們小的時候嗎?當然會有一點，不過，絕大部分是不會的，因爲有了孩子的這16年來，我非常樂在其中，很享受做「爸爸」的身分與沉浸在陪伴的每一刻。有人說，有了孩子是兩倍、三倍以上的辛苦，我的心得是，辛苦是一定的，不過幸福也同樣是兩倍、三倍以上的回饋到我們身上。也因爲有這些陪伴與幸福，讓我有了好多好多美好的回憶。

我們家有一面大白牆掛著全家人的幸福軌跡，從兒子出生開始，到女兒也來到的每年所發生的點點滴滴。我們把記錄特別時刻的照片洗出來，買了相框，貼在牆上，16年來，這面白牆已然擺滿了超多的照片，幾乎沒有空白處。

老實說，做這事很耗費時間與力氣，我卻是甘之如飴。因爲我最喜歡的單位是「我們」，很重視全家人聚在一起的氛圍，喜歡看到一家人經歷過的種種。每每看著照片裡，他們從小到大的模樣，內心滿是欣慰，整理照片的當下，還會不自覺地露出微笑。回想一家四口的共同經歷，讓家人間的歸屬感很扎實、凝聚力很緊密。

也因爲有這些珍貴的回憶，對於他們的成長，我不會有任何的遺憾，反而是感到很慶幸，我有與他們度過生命中每個重要時刻。

從孩子出生後，照顧、陪伴孩子與養家一直是我放在人生順位裡的前幾名。孩子成年後，他們要離家打拚了，我到時候也該調整一下順位清單，把重心放回到「自己」與「伴侶」身上了。到那時候，與孩子的種種回憶，能提供許多很棒的滋潤，度過我與老婆的人生下半場。

人生的下半場

如果你是把生活重心放在孩子身上，一直圍繞著他轉的家長，面臨人生的下半場時，特別是孩子離家之後，可能會覺得無所適從，彷彿失去了方向與目標，沒有了動力。

孩子年幼依賴家長時，我們需要犧牲一部分或全部的自己，然而，孩子長大能獨立了，我們又需要找回自己，可是那個自己在哪裡呢？不知道、也忘記了該怎麼去找，於是迷惘、失落、矛盾，各種複雜的情緒夾雜在一起，雖然每天的早晨都會到來，卻已然是不同的天空了。

沒關係，就讓我們沮喪吧～難過吧～想念吧～當了這麼久的爸媽，爲了孩子是如此的努力與認眞，付出了這麼多，是時候休息一下了。盡情去做自己想做的事、喜歡的事、年輕時未完成之事、想了很久卻因爲有孩子而一直沒能去做的事，累了就休息，休息夠了再起身，直到找到新的方向與目標爲止。

找不到也沒關係，人生的下半場，就是爲了自己而活。至於孩子，兒孫自有兒孫福。

將來還要照顧孫子?!

女兒說，以後生了小孩，要時常帶來給阿公（也就是我）照顧。

「偶爾帶過來，我是很樂意的啊，如果是每天的話，那就不行囉，因爲我跟你媽會有別的事情要去做啊。」我說。

「是偶爾的啦。」女兒說。

「妳帶來給我照顧，是要跟老公出去啊？」

「對啊，我相信你能把小孩給照顧好。」女兒對我說。

「喔~爲什麼妳對我這麼有自信？」

「因爲，我覺得你把我跟哥哥照顧得很好啊。」

「哎呀~能夠聽到這句話，相當的榮幸啊。」

「而且，特別是小孩子在哭鬧時，一定要帶過來。」

「喔，爲什麼？」

「我沒辦法像你這麼有耐性，所以，帶來給你管比較快。」

「女兒，妳是說，爸爸老了，當阿公了，還要再應付另一個妳啊？喔~

我的天啊。」爸爸崩潰。

♥ 澤爸的貼心小叮嚀

1. 讓我們成為帶給孩子的未來是正向影響的爸媽吧，從小就開始。
2. 無論孩子在哪個階段，請好好享受「爸媽」這個身分所帶來的快樂與喜悅。
3. 孩子大了，我們會感到失落，這是正常的人生階段，請慢慢把重心放回到自己與伴侶身上吧。我們是「爸媽」，但同時也是「自己」。

❶ 親子天下的Podcast節目「幸福親子村」EP13「情緒沒有對錯：你是情緒的主人還是僕人？」（上）

---

❷ 穩定自我情緒的方法與細節，歡迎參考我的著作《引導孩子說出內心話》的P17「處理當下的情緒」以及《對話中讓孩子感受愛》的P70「情緒的正向流動」。

Eurasian Publishing Group 圓神出版事業機構 用心與你對話．視野無限寬廣
如何出版社 Solutions Publishing
www.booklife.com.tw reader@mail.eurasian.com.tw
Happy Family 094

覺察叛逆，看懂孩子的內在需求

作　　者／澤爸（魏瑋志）
發 行 人／簡志忠
出 版 者／如何出版社有限公司
地　　址／臺北市南京東路四段50號6樓之1
電　　話／（02）2579-6600・2579-8800・2570-3939
傳　　真／（02）2579-0338・2577-3220・2570-3636
副 社 長／陳秋月
副總編輯／賴良珠
專案企畫／尉遲佩文
責任編輯／柳怡如
校　　對／柳怡如・張雅慧
美術編輯／蔡惠如
行銷企畫／陳禹伶・朱智琳
印務統籌／劉鳳剛・高榮祥
監　　印／高榮祥
排　　版／陳采淇
經 銷 商／叩應股份有限公司
郵撥帳號／ 18707239
法律顧問／圓神出版事業機構法律顧問　蕭雄淋律師
印　　刷／祥峯印刷廠
2025年2月 初版
2025年7月 2刷

定價 370 元　ISBN 978-986-136-727-9

親子關係要以「對話」和「陪伴」來強化心的連結，當彼此的關係變得親密，就能因為受到信任而發揮影響力。

——《引導孩子說出內心話》

國家圖書館出版品預行編目資料

覺察叛逆，看懂孩子的內在需求／澤爸（魏瑋志）著.
-- 初版. -- 臺北市：如何出版社有限公司，2025.02
256 面；14.8×20.8 公分. --（Happy Family；094）
ISBN 978-986-136-727-9（平裝）

1. CST：親職教育 2. CST：親子溝通 3. CST：青春期

528.2　　113019186